JN025965

中学・高校　英語ディベート入門

| インタビュー協力（掲載順） | 中山隆起　市岡彪吾　中川智皓　北原隆志　矢野善郎 |
| | 丸橋洋之　浜野清澄　須田智之　小林良裕　三仙真也 |

編集協力	久松紀子
英文校正	Freya Martin
ブックデザイン	桜井雄一郎＋佐野淳子

聖光学院中学校高等学校 英語科教諭
高校生英語ディベート世界大会日本代表ヘッドコーチ
河野 周

中学・高校

英語ディベート入門

英語教員のための
英語ディベート指導ハンドブック

三省堂

目次

はじめに

　本書は、「英語ディベートをこれから授業に取り入れてみたい、あるい
は部活動として始めてみたいと思っているが、そもそも英語ディベートがど
のようなものかがよく分からない」という方々（対象❶）や、「授業や部活動
において、英語ディベートをすでに行っているが効果的に活用できていな
い」と感じている方々（対象❷）、そして「英語ディベートを授業に取り入れる
ことを同僚から反対され、自身も英語ディベート導入に自信が持てない」
と悩んでいる方々（対象❸）を対象として書かれた入門書です。

対象❶……「英語ディベートをこれから授業に取り入れてみたい、あるいは
　　　　　部活動として始めてみたいと思っているが、そもそも英語ディベー
　　　　　トがどのようなものかがよく分からない」という方々

　数年前から学習指導要領（外国語編）の中に「ディベート」という言葉が
記載されるようになったことからも分かるとおり、ディベートは今や、英語
教育においてなくてはならない重要かつ必須の活動であると認識される
ようになってきました。

　しかしその一方で、株式会社ベネッセ教育総合研究所が実施した「中
高の英語指導に関する実態調査 2015」を見てみると、英語の授業にお
いて、ディベートは「最も行われていない活動」であるということが分かり
ます。この調査は 2015 年のものとはいえ、英語の授業においては、ディ
ベートは限られた一部の人たちだけが行っている「特別」な活動であると
いうのが実態なのかもしれません。

　そこで本書では、英語ディベートとはそもそもどのようなものなのか、ま
た英語ディベートを行うことにはどんな教育的効果や英語学習において

のメリットがあるのかを順次紹介していきたいと思います。

[図]指導方法・活動内容（高校）

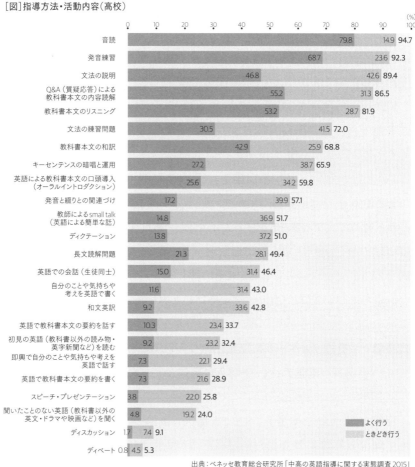

出典：ベネッセ教育総合研究所「中高の英語指導に関する実態調査2015」

対象❷……「授業や部活動において、英語ディベートをすでに行っているが効果的に活用できていない」と感じている方々

　先ほどのベネッセ教育総合研究所の調査によって、ディベートが英語の授業ではあまり行われていないことが示されていましたが、その一方で

現在、部活動（競技）としての英語ディベートは全国的に盛んになりつつあります。実際、全国高校英語ディベート連盟（HEnDA）が主催する2018年度の高校生英語ディベート大会では、全国大会で64校、県予選大会で334校もの学校が参加するほど大規模なものとなっています。また、それに伴い、2015年当時に比べると、授業で英語ディベートを活用する先生方が少しずつですが増えてきているのも事実です。

　しかし、私自身が講師として教員研修やディベートワークショップで全国各地を回っていると、「授業で英語ディベートをやらせたくても、難しくてできない」、「部活動で英語ディベートを始めたが、どうやって指導したらよいか分からない」といった声をよく聞きます。

　そこで本書では、英語ディベートの試合の形式やルールをただ紹介するのではなく、ディベートをするためには、事前にどのようなスキルを身につけておくべきなのか、またディベートを実施する際にどのような段階的手順を踏めばよいのか、そしてその際にはどんなことに注意すべきなのか、などについて詳しく紹介していきたいと思います。

対象❸ ……「英語ディベートを授業に取り入れることを同僚から反対され、自身も英語ディベート導入に自信が持てない」と悩んでいる方々

　授業や部活動で英語ディベートを導入しようとする際にぶつかる壁として、同僚からの了承を得られないという事態は確かによくあると思います。その理由は、「英語ディベートは論理ばかりに偏った思考を助長するのではないか」といったように、英語ディベートに対するネガティブなイメージを持っていて、そのため英語ディベートを授業や部活動に取り入れたくないと考えている先生方が多いからではないでしょうか。また、英語ディベートをやらせることで、生徒が勝ち負けばかりにこだわるようになり、ディベートのスキル／テクニックが悪い形で身につき、他人への共感に欠ける生徒になってしまうのではないか、と心配している先生方もおられる

のではないかと思います。

　そこで本書では、授業にせよ、部活動にせよ、どのようなことに注意して指導すればよいのかについても述べていきます。特に、本書の中で最も重要なメッセージの一つである「人間教育としての英語ディベート」という観点から英語ディベートをどう捉え、どう指導していけばよいかについても述べていきます。

．．

　私は現在（2020年）、神奈川県にある聖光学院中学校高等学校の英語科教諭で、同校英語ディベート同好会の顧問をしています。英語ディベート関連の仕事としては、全国高校英語ディベート連盟（All Japan High School English Debate Association, HEnDA）国際委員会委員、日本高校生パーラメンタリーディベート連盟（High School Parliamentary Debate Union of Japan, HPDU）理事、神奈川県英語ディベート推進委員会委員など、中学・高校英語ディベート団体のメンバーとして活動すると同時に、高校生世界大会（World Schools Debating Championships, WSDC）に出場する日本代表チームのヘッドコーチとして、中高生の英語ディベートのコーチングをしています。また、全国各地で講師として教員研修や、中学生（小学生）から社会人までのあらゆる年代の方々を対象としたワークショップなどを行い、授業および部活動両方における英語ディベートの指導と普及のために活動しています。詳しくはコラムをご覧いただきたいのですが、私は教員になってから中学・高校英語ディベートに出会い、そこでさまざまな方々と知り合う機会を得て多くの貴重な経験をさせていただきました。

　このような私の経歴をご覧になると、私が最初から英語ディベートが大好きで、英語ディベートしかやってこなかったような人間のように思われるかもしれません。しかしそうではないのです。実は私自身も、過去に英語ディベートが嫌いになって一度は止めたことがあるため、英語ディベートが嫌いな人の気持ちも多少は分かっているつもりです。そこで、本書を

執筆するにあたっては英語ディベートが嫌いな人の気持ちにできるだけ寄り添いながら書くことを心がけました。つまり、本書は、英語ディベートに対して好意的な方々だけを対象としたものではなく、そうでない方々に向けても書かれています。もちろん、そうした方々に本書を手に取っていただけるかどうかは分かりませんが、私のように英語ディベートを嫌いになった経験をお持ちの方々にも、本書を通して英語ディベートというものを見直していただき、好きになっていただけるように、執筆にあたってはできるだけ分かりやすく具体的な内容となるように心がけました。本書を手に取ってくださった方々が、英語ディベートを、授業や部活動などさまざまな機会に活用され、英語ディベート活動を心から楽しんでいただけるようになることが私の一番の願いです。

第 **1** 章 # 概論編

第1章では、英語ディベート概論として、
そもそもディベートとは何か、
どのような種類（形式）があり、
どのように行うのか、
また教育的にどのような効果があるのか、
について述べていきたいと思います。
また最後に、補足として
教員自身の能力向上のために
英語ディベートをどのように活用すればよいか
についても言及します。

1　英語ディベートとは

　松本（2009）によれば、ディベートとは「ある論題に対して、対立する立場をとるディベーター同士が、聴衆を論理的に説得するために議論すること」と定義されていますが、英語ディベートをより理解するために、まず初めに、英語ディベートに対するよくある誤解や偏見について考えてみたいと思います。それが「英語ディベートとは何か」ということとも深く関わってくるからです。

　残念ながら、わが国では現在でも英語ディベートに対してネガティブな印象を持っておられる方々が多くおられますが、ここでは、そうした誤解や偏見について考えてみたいと思います。では、よくある誤解や偏見とはいったいどういうものでしょうか。それは私の経験上、以下の三つが主なものではないかと考えます。

誤解1……ディベートとは、相手をただ論破することだけが目的の競技である
誤解2……ディベートとは、自分たちの考えを一方的に主張するだけの競技である
誤解3……ディベートとは、他人への共感に欠けた生意気な生徒を育ててしまう競技である

　それでは、それぞれの誤解について一つ一つ検討していきたいと思います。

誤解1……ディベートとは、相手をただ論破することだけが目的の競技である
　これは本当によくある誤解です。ニュアンスとしては、「論破する＝相手を議論で打ち負かす」あるいは「相手をギャフンと言わせる」といったネガ

ティブな印象だけが強調されているのではないかと思います。

　確かに、ディベートにおいては、相手の主張に対して反論することが求められるため、そのようなネガティブな印象を持たれてしまっているのかもしれません。しかし、ディベートを特徴づける上で一番大事なものとして、相手ではなく第三者である審判（ジャッジ）を説得するというものがあります。先に引用した松本（2009）の定義における「聴衆」にあたる部分です。つまり、ディベートは、相手を打ち負かすのではなく、議論を聞いている第三者に対して、自分たちの主張の方が相手の主張よりも説得力があることを説明するのです。したがって、ディベートには、相手を打ち負かすということとは少し異なる様相があります。相手を打ち負かして、ギャフンと言わせるのではなく、議論を聞いている第三者に自分たちの主張がより説得力があるものであることを示すことが求められるということです。そこで、自分の主張を分かりやすく第三者に伝える論理力だけでなく、第三者の心を動かすような表現力なども求められるのです。つまり、いくら相手を論破してギャフンと言わせることができたとしても、第三者の納得を得られなければ、試合に勝つことはできません。こうしたことから、競技者であるディベーターは、相手を打ち負かすことに終始することはもちろんなく、第三者を説得することに専念します。ですので、ディベートは、一般に思われているような、ただ論破し合うだけの競技とは異なるものなのです。

**誤解2……ディベートとは、自分たちの考えを一方的に主張するだけの競技
　　　　　である**

　これもよく耳にする誤解です。この誤解には、ディベートをすると、どんどん考えが独断的になり偏った考えを持つようになってしまうのではないかという危惧が含まれています。

　このことについても、ディベートの特徴を正しく理解すれば、そういう危惧を抱く必要はないことが分かります。その重要な特徴とは、ディベート

の競技においては、肯定か否定かの立場をディベーター自身では「選べない！」というものです。つまり、もともと持っている自分の意見を主張するために議論を行うのではなく、たとえ自分の意見とは異なる立場になったとしても議論ができるようになることが求められるのです。そうすることで、さまざまなことに対して多面的にものごとを見て、相手の立場になって考えられるようになるのです。むしろディベートを通して、生徒は、自分の考えに凝り固まることなく、ものごとを多面的に考え、視野を広げることが可能になります。決して偏った思考を助長するものではありません。

誤解3⋯⋯ディベートとは、他人への共感に欠けた生意気な生徒を育ててしまう競技である

これは学校現場でよく耳にする意見で、ディベートをすると、性格の悪い生徒、あるいは、口答えをする生意気な生徒が育つのではないかという懸念から出てくるものなのではないかと思います。

確かに、ディベートが上手になると、議論もうまくできるようになるため、その技術に溺れてしまうと、上記のような屁理屈ばかりを言う生意気な生徒が育ってしまう可能性を完全に否定することはできないかもしれません。また、私自身も、そうした生徒に出くわしたことが何度かあります。ただ、このことに関しては、ディベートだけの問題ではなく、他の部活動や競技においても、生じうることなのではないかと思います。何事においても、人よりも長けた能力を身につけると、自分自身を過大に評価してしまう傾向があるということです。つまり、この問題はディベート特有の問題というわけではなく、他の活動や競技と同様に、指導する際に注意しなければならないことなのです。

むしろ、ディベートには「協調性」を高める可能性があります。なぜなら試合は「チーム」として行われるからです。ディベートは一対一で議論するものだと思われがちですが、実際には、二人一組、三人一組、四人一組などのチーム形式で試合をします。そのため、チームワークや協調性が

非常に重要になってきます。チーム内の一人のディベーターだけが単独でどんなに有能であっても、チーム全員で考え方を共有できていなければうまく議論を組み立てることができず、試合に勝つことはできません。それゆえ、ディベートは、他の生徒とどううまく協調しながらやっていけばよいのかということを学ぶ、よい機会となるのです。

まとめ

　ディベートに対する誤解を解きながら、その特徴について述べてきました。ディベートの特徴は、以下のようにまとめられます。

ディベートの特徴
・相手を打ち負かすのではなく、第三者を説得することを競うものである。
・賛成と反対の立場はランダムに振り分けられるので、個人的な意見を主張するものではない。
・基本的には、チームを構成して協力しながら議論を行うものである。

　こうした特徴と、最初に挙げた松本（2009）の「ディベート」の定義とを合わせると、英語ディベートとは「ある論題に対して、競技者が賛成と反対の立場にランダムに振り分けられ、チームを組んでそれぞれの立場を支持する主張をして、第三者であるジャッジを英語で説得する活動である」といえるでしょう。

補：ディベートか？ ディスカッションか？

　よく取り沙汰される、「ディベートかディスカッションか、どちらがよいのか」という議論ですが、日本では、「日本人に向いているのはディスカッ

ションで、ディベートは日本人に向かない」という考えから、「英語の授業でもディベートではなく、ディスカッションを取り入れた方がよいのではないか」という声をよく聞きます。

実は私自身、学部生の頃は英語ディスカッションの活動に携わり、さまざまな大会に参加するだけでなく、普及活動も行っていました。今でも英語ディスカッションは好きで、実際に行ってもいます。

英語ディスカッションには主に二つの種類があります。一つは社会問題を解決する政策を議論するPolicy Determining Discussionと、もう一つはお互いの価値観を話し合うValue Discussionです。特に前者のPolicy Determining Discussion（政策決定議論、PDD）は、社会問題を主に議論する英語ディベートに非常に近いもので、どちらも非常に興味深い活動です。

よく比較される英語ディベートと英語ディスカッションですが、それぞれのよい点も当然異なるものなので、それぞれの主なよい点を以下の表にまとめてみます。

英語ディベートと英語ディスカッションそれぞれのよい点

	英語ディベートのよい点	英語ディスカッションのよい点
目的・形式	一つの論題に対して、肯定と否定の二つの対立する立場をあえて作り、議論を交わすことにより、論題について深く考えられる。	一つの論題に対して、参加者が意見を出し合い、それぞれの意見の相違点を議論することによって、論題について深く考えられる。
話す時間	参加者全員に話す機会が与えられているので、一人ひとりが一定時間話すことができる。	一人の話し手の時間が制限されていないため、時間を気にせずに話すことができる。
立場	立場を自分の好みで選択できないので、自分の考えとは違う立場からものごとを考えられるようになる。	特定の立場を選ぶ必要がないので、自分の考えをもとに自由に議論に参加することができる。

このように、それぞれの活動には、それぞれのよい点があるので、英語の授業においては、両者の活動を偏りなく利用することで、よりよい英

語のトレーニングが行えるのではないでしょうか。つまりディベートとディスカッションは、どちらを選択すべきなのかというような優劣を比較されるものではなく、それぞれのよい点を十二分に活かしきることが大切なのだと思います。

2 | 英語ディベートはどのように行うのか

　英語ディベートと一口に言っても、実はさまざまな形式（スタイル）があります。英語ディベートを実践する上では、どのようなスタイルがあり、それぞれどのような特徴があるのかをまず知ることが大切です。そこで、ここでは日本の中学・高校において、主に行われている二種類の英語ディベート、「事前調査型英語ディベート」と「即興型英語ディベート」を紹介します。◆

　また、上記の二つの英語ディベートを松本（2009）にならい、「授業英語ディベート（授業で行うディベート）」と「競技英語ディベート（部活動でのディベート）」の二つに分けて説明していきます。また、競技英語ディベートに関する具体的な形式とルールについては、第2章2「英語ディベートを実践するための形式とルール」で詳しくご説明します。

1. 事前調査型英語ディベート

　まずは事前調査型英語ディベートについてご説明します。これは名称のとおり、事前にある程度の調査期間を設け、準備をしてからディベート

◆：この2つの以外の形式の英語ディベートもあるのですが、ここでは2020年現在、日本で主に行われているものを取り上げます。

を行うものです。別名、「アカデミック・ディベート」あるいは「ポリシー・ディベート」と呼ばれることもあります。

---

❶ 事前調査型・授業英語ディベート

　授業でディベートを実施する前に、ある程度の期間（数日〜数週間）を設けて、事前の調査や準備を生徒に促す形になります。具体的には、授業の数日前に論題を生徒に事前に伝え、準備をさせてから授業でディベートを行うスタイルです。

　このスタイルのメリットは、事前に調査をする時間があるので、十分な知識を持った上で試合に臨むことができるということです。またそれと同時に、情報を集めるにあたり、調査の方法に関する指導をすることによって、将来論文などを作成する際に必要な情報の収集能力を高めることもできます。さらに、自分たちの議論をある程度組み立てて試合に臨むことができることから、英語が苦手な生徒も、英単語を事前に調べておくなどの手段を通じて英語の準備ができるため、心理的負担を減らせるなどのメリットがあります。

---

❷ 事前調査型・競技英語ディベート

　部活動でいうと、HEnDA (All Japan High School English Debate Association)という団体が、このスタイルで全国大会を開催しています。これは日本で行われている全国大会では一番長い歴史があり（2006年初開催）、大会規模もかなり大きなものになっています（2018年度は全国大会64校・各県大会334校が参加）。また、この大会では各年に一つの論題が提示されて英語ディベートを行います。ちなみに、近年の論題としては、「積極的安楽死を合法化すべきか否か」（2018年）、「週の労働時間を48時間にすべきか否か」（2019年）、「（ハイブリッド車も含む）化石燃料車の製造と販売を2035年までに禁止すべきか否か」（2020年）など、まさに現在の日本において社会問題となっている事項が論題となっています。

2. 即興型英語ディベート

　次は即興型英語ディベートについてご説明します。このスタイルでは、論題と立場（肯定・否定いずれか）が提示されたあと、準備時間が15〜20分程度のみ与えられ、その後試合がすぐに開始されます。論題は試合ごとに異なったものが提示されます。正式名称は「パーラメンタリー・ディベート」と言いますが、名が表すとおり英国議会を模したスタイルです。

❶ 即興型・授業英語ディベート

　この形式のディベートは、準備を含めて授業内で完結するものとなります。具体的には、授業開始とともに、「肯定と否定の立場」と「論題」の発表がなされ、15分程度で準備したあとディベートをするというものです。このスタイルには準備時間があまりないため、日本人が弱いとされる即興で対応する英語力を鍛えることができるというメリットがあります。また、事前調査などの準備をさせる必要がないので、授業内で簡単にディベートができるメリットもあります。一般社団法人パーラメンタリーディベート人財育成協会（Parliamentary Debate Personnel Development Association, PDA）という団体は、50分の授業内で収まる形式も作っており、一回の授業内でディベートを完結することができます。

❷ 即興型・競技英語ディベート

　部活動でいえば、HPDU（High School Parliamentary Debate Union of Japan）という団体が、即興型英語ディベートの大会を開催しています。HPDUの大会は、本格的な即興型英語ディベート大会で、大学生が行うものと似た形式のハイレベルなスタイルとなっています。また、先述のPDAも、授業用即興型英語ディベートの形式をもとに都道府県や全国のディベート交流会や大会を開催しています。PDA、HPDU両団体とも、全国大会を年に数回開催し、HEnDAと同じ規模の大きな全国大会が開催されるよ

うになってきました。

3. 事前調査型と即興型の併用

　以上、主な二つのスタイルを見てきましたが、大切なことは、授業においても部活動においても、目的やレベルに応じて、それぞれのスタイルを活用し、楽しむことだと思います。松本 (2009) でも述べられているように、事前調査型と即興型は、どちらがより優れているかというものではなく、何を重視するかによって、それぞれを使い分けることが大切です。

　それでは、併用型に関して、授業・競技英語ディベート、それぞれの活用法を紹介します。

❶ 併用型・授業英語ディベート

　授業においても、一つのスタイルに固執することなく、それぞれのスタイルを活かすことで、よりよい指導ができるのではないかと思います。年間を通してそれぞれのスタイルを使い分けて交互にやるなどすれば、飽きずに楽しめるだけでなく、それぞれのスタイルに応じた能力を伸ばすこともできます。たとえば、調査と準備をじっくりさせたい場合には事前調査型で行い、授業内で簡単に英語ディベートを実践したい、あるいは即興力を身につけさせたい、などの場合には即興型で行えば、目的に応じてそれぞれのスタイルを活かすことができるのではないかと思います。

❷ 併用型・競技英語ディベート

　部活動として英語ディベート部 (同好会) がある学校では、事前調査型と即興型両方のスタイルでディベートを行いながら大会に参加しているところが多く、それぞれのスタイルを楽しんでいます。

　また、WSDC (World Schools Debating Championship) と呼ばれるレベル的にも規模的にも世界最高峰である高校生の英語ディベート世界大会では、

一つの大会の中で事前調査型と即興型の両方のスタイルが採用されています（予選の半分は事前調査型、残り半分が即興型）。日本の高校生も、選抜された日本代表チームがこの大会に参加しており、事前調査型と即興型両スタイルに求められる力を養い、世界の舞台で奮闘しています。

英語ディベートの教育効果とは

ここでは、英語ディベートの教育的効果について考察しながら、それがどのようなものなのかを具体的に述べていきたいと思います。

1. 英語ディベートがもたらすメリット：英語4技能

英語ディベートがもたらすメリットとしては、まず当然ながら、総合的な英語力の向上が挙げられます。英語ディベートは、スピーキング能力の向上だけに効果があると思われがちがですが、活用次第では英語4技能すべての能力向上に効果があるのです（松本, 2009）。以下、それぞれについてご説明します。

❶ スピーキング

まずスピーキングについてですが、英語ディベートの特徴として、英語を話す機会の圧倒的な多さが挙げられます。たとえば、一人の話し手に話す時間が数分間与えられ、その時間は誰にも邪魔されずに話せるため、初心者の生徒でも一生懸命、その時間を使って英語を話そうとする機会となります。さらに実際の高校生の大会でいえば、一番短いもの（PDA）でも「3分間」のスピーチ時間が与えられます。英検1級二次試験の

スピーキングテストの時間が「2分間」であることと比較しても、英語ディベートがより多く話す機会を得られるものであることがわかります。

　また、英語ディベートの場合、英語を話す機会が増えるだけではなく、第三者であるジャッジに対して、英語で相手よりも説得力のある話をしなければならないという特徴があります。そのため、自分たちの主張を第三者に的確に伝えるための論理力や、第三者の心を揺さぶるような表現力が養われるのです。

　最近では、「英語4技能5領域」という言葉が英語教育の中でよく使われるようになりました。そこでは、スピーキングは「話すこと（やりとり）」と「話すこと（発表）」の二つに分けられますが、人前で、しかも即興で英語のやりとりを行う英語ディベートは、まさに「英語4技能5領域」に対応した効果的な活動であるといえます。

　このように、英語ディベートには、スピーキング力を高めるための効果的な要素が多いため、英語ディベートを経験した中高生の多くが非常に高いスピーキング力を有するようになっています。ただ、このように述べても、「英語ディベートは難しいので初心者には向かない、上級者向けの活動ではないのか」とお考えになる方もおられるかもしれません。しかし実は、ディベートのスピーキングには特有の型（第2章で詳述）があり、その型に習熟すれば、特に決まった型のない自由な英会話よりも楽にスピーキングができるという特徴があります（安河内,2014）。そうしたことから、最初は全く英語を話せなかった中高生が、英語ディベートという機会を通して、ただ英語を話せるようになるだけでなく、英語できちんとした議論ができるようになるのです（浜野,2020）。

　そのため、英語ディベートの経験者の中には、世間一般では難しいとされる英検1級の二次試験を容易に突破し、早い段階（たとえば高校1年生の時点）で取得してしまう生徒も少なからずいます。さらに言うと、2019年の高校生世界大会日本代表メンバーの一人（植田歴さん：浅野高等学校卒）は、通常の中学生と同じく中学から英語を始めた生徒です。実は私は、

彼の中学一年生から中学三年生までの英語の授業を担当していたのですが、彼は海外在住経験や留学経験があるわけでもなく、英語力に関しては普通の中学生と何ら変わるところはありませんでした。そんな彼でも、英語ディベートと出会い、めきめきと英語力を上げて、世界大会でも大活躍をするまでになったのです。

❷ ライティング

　英語ディベートにおいては、スピーキングとともに、ライティングの能力が非常に重要になってきます。たとえば、事前調査型英語ディベートでは、準備として事前に英語の原稿を書くことになるので、自然と英語を書く多くの機会を持つことになります。即興型英語ディベートにおいても、短い時間の中で議論をまとめなくてはいけないので、論理的に英語を書くことが求められます。実際、小西・菅家・Collins（2007）によるアンケートにおいても、ディベートを通じてスピーキングだけでなく、ライティングの力が伸びると感じている生徒が多くいます。

　また、英検のライティング問題として社会問題が多く出題されていますが、そこで問われるトピックはまさに英語ディベートの論題と似ています。ですので、英語ディベートを経験することで、そうした問題に対しても中身の充実したライティングができるようになります。

❸ リーディング

　アウトプットだけでなく、インプットにおいても、英語ディベートは非常に教育的効果の高い活動であるといえます。リーディングについて言えば、特に重要なのは英語ディベートがあることによって、ただ漠然と英文を読むのではなく、目的意識を持って、英文を読もうとする姿勢が身につく点です。たとえば、授業で扱う教科書や副教材の内容で英語ディベートを行った場合、受け身的にではなく、積極的にリーディングをすることによって、その内容をより深く考え、学ぼうとするきっかけになるでしょう。一方、

競技の場合、試合前であれば、立論を組み立てるために、論題に関するさまざまな文献を必死に読むようになります。試合後であれば、試合に負けた悔しさを抱えながら、自分が論題について無知であったことを自覚した上で、英文を再度読むことになります。こうした英語ディベートによる特有の動機づけによって、生徒は日頃から深いリーディングを行おうとする姿勢が身につきます。

　さらに、ディベートの試合前には必要な知識を、また試合後には足りなかった知識を獲得しようと、さまざまな文献に目を通すことによって自然と英語を読む機会が増えます。たとえば、英語ディベート経験者の中には、The Japan Timesなどの英字新聞だけでなく、一般に難しいとされる英語雑誌のTIMEやThe Economistなどを読み始める生徒も多くいます。というのも、国際大会の論題として、こうした雑誌に頻出するトピックが取り上げられることが多く、さらには、そうした世界情勢を知っておくことによって、立論を組み立てる上で重要な具体例を出せるからです。

❹リスニング

　リーディングについて述べたことは、リスニングにも当てはまります。必要な知識は何も文献からだけでなく、ニュース音源やYouTubeからも得られることから、自然とリスニングをする機会が増えます。また、試合はもちろん英語で行われるので、英語を聞く機会は試合を重ねることで自然と増えることになります。

　さらに、英語ディベートを経験することがリスニング力向上にもたらす最大のメリットは、英語ディベートを通じて、世界各地で話されているさまざまな英語を聞くことができるということです。英語ディベートは世界各地で行われる競技であり、世界中でさまざまな英語ディベート大会が開催されていますが、その様子はYouTubeなどで簡単に見ることができます。国際大会では、使われるボキャブラリーも話される内容もかなり高度ですが、それを見ることは非常に価値のあることです。

さらに、ご存じのとおり、アメリカの大統領選挙でも英語ディベートが行われ、また英国議会ではつねにディベートが行われているので、世界のリーダーになりうる人たちがどのような議論をするのかもYouTube等で簡単に見ることができます。つまり、英語ディベートを実践することは、そうした知的かつ表現力豊かな英語に触れるチャンスを増やすことにもなり、結果的にリスニング力の向上につながるのです。

また、リーディングと同じく、リスニングにおいても、英語ディベートによってさまざまな英語を聴くことへの意欲も高まるので、英語ニュースのCNNやBBCなどを聞き始める高校生も多くいます。

2. 英語ディベートの特徴がもたらす英語力以外のメリット

英語ディベートがもたらす英語力以外のメリットについて、ここでは主に「思考力」「知識・教養」「協調性」「アカウンタビリティ」の4つのメリットを紹介します。

❶ 思考力

まずは思考力です。英語ディベートを通じて、特にロジカル・シンキング（論理的思考）とクリティカル・シンキング（批判的思考）の力を育てることができます。ロジカル・シンキングとは「一貫していて筋が通っている考え方、あるいは説明の仕方」のことですが、ディベートにおいては、この力が非常に重要になってきます。なぜなら、ジャッジに対して自分の主張を的確に伝えるためには、立論を論理的に明解なものにする必要があるからです。また、競技者であるディベーターだけでなく自身がジャッジになった際には、ディベーターの話した内容を整理し、勝敗を論理的に説明する必要があるので、ここでもロジカル・シンキング力が非常に鍛えられます。実際、小西・菅家・Collins（2007）のアンケートにおいても、ディベートを通してロジカル・シンキング力が鍛えられたと感じた人が多くいること

が示されています。

　さらにクリティカル・シンキング力も同時に鍛えられます。クリティカル・シンキングとは「与えられた情報や知識を鵜呑みにせず、複数の視点から注意深く、論理的に分析する能力や態度」(松本, 2009) のことです。たとえば、「宿題は廃止されるべきだ。なぜなら、自分が学びたいと思っている事に時間を費やせないからだ」といった主張に対して、その考えが本当に正しいのかどうか (宿題のせいで本当に自分の学びたいことに時間が割けていないのか？　自分が学びたいと思っている事のためだけに宿題を廃止してよいのか？　など) を考える力のことです。こうした思考力は、さまざまな知識や情報についてだけでなく、フェイク・ニュースといった間違った情報があふれる現代社会においては、非常に重要なものであるといえます。

　そして、このクリティカル・シンキング力は、試合中に相手の主張を聞いて、論理的に破綻しているところを探すことが求められるディベートにおいて、自然に身につく力であるといえます。ディベートでは、自分たちの考え方を伝える「立論」と同時に、相手の立論の穴を指摘する「反論」も非常に重要となります。この反論をするためには、まさにクリティカル・シンキング力が求められるのです。他のさまざまな英語の活動では自分の主張を述べることはあっても、反論まで求められることはあまりないので、そうした意味で、英語ディベートはクリティカル・シンキング力を鍛える上で非常に有効な活動といえるでしょう。

　また、反論だけでなく、事前調査型英語ディベートにおいて情報を収集する際にも、その証拠が信じるに値するものかどうかを吟味することも求められ、そのプロセス自体がクリティカル・シンキング力を鍛えることになります。実際、アメリカの大学の中には、学生のクリティカル・シンキング力を鍛えるために、ディベートを活用しているところもあります (松本, 2009)。また、学術研究においても、クリティカル・シンキング力向上と英語ディベートとの関連性が示唆されています (有嶋, 2012)。

❷ 知識・教養

　英語ディベートには広く知識を得るとともに教養を深めることができるというメリットもあります。英語ディベートは英語力向上のために利用されることが多いのですが、実際にやってみると、広い知識が得られ、教養を深める上でも非常に効果があります。たとえば、事前調査型ディベートであれば、事前に論題に関する情報を収集し、さらに立論を組み立てるところまで考えなければならないので、自然と広い知識を得ることになります。また即興型ディベートに関しては、全く知識がない中で試合を行うとなかなか立論や反論をうまく組み立てることができないので、自分がいかに無知であったかということに気づくきっかけとなります。無知に気づくことは非常に重要なことで、自分にはまだまだ知らないことが多くあるという自覚が、その後にその論題に関する背景知識を知りたいという動機づけとなるのです。そしてそれと同時に、知識の幅を広げようと日頃からさまざまなニュースに触れようとするきっかけともなります。先述のように、中高生の中でも、英語ディベートを通して、TIME や The Economist を読み始めたり、CNN や BBC を聞き始めたりする人がいるのは、こうした理由によるものです。

　また、英語ディベートの論題は、政治問題だけでなく、経済問題、環境問題、労働問題、国際問題、人権問題など多岐にわたることから、それらの問題を考えることで、結果として教養を深めることにもなります。英語ディベートにおいては、ただ「知っている」だけではだめで、それらを立論に組み込まなくてはいけないので、自然にそうした知識を「活用する」ことになります。つまり、知識をただ持っているということではなく、それをどう活用すればよいかということにまで踏み込んだ、実践的な学びとなるのです。

❸ 協調性

　三つ目は、協調性が身につくというメリットです。ディベートは相手を攻

撃するものだ、という誤解が広がっているため、協調性が磨かれると聞いても意外に思われる方や信じられないと思われる方もいるでしょう。

　しかし、第1節でも述べたように、ディベートはチームで行われるため、チームワークが非常に重要なのです。たとえば、事前調査型ディベートであれば、チームで協力して資料を収集し、調べる必要があります。また、即興型ディベートにおいては、限られた短い準備時間の中で、皆で立論や反論のアイディアを出し合い、それらをまとめ、試合に勝つための戦略まで考えなくてはなりません。そうしたことから、メンバーとの協力が非常に重要になってきます。

　英語ディベートは最低二人から、多くて四人で試合をすることが通例で、メンバーのうち一人でも協調・協力する姿勢に欠けると、チームとして試合に勝つことはできません。そうしたことから、授業内で英語ディベートを行った場合、グループワークとしての機能を果たし、英語力だけでなく協調性を育む活動になりうるのです。

　また、世界大会に向けた日本代表チームのトレーニングでも、いかに協力して立論を組み立てるか、そしてチームとしていかにまとまれるかということにかなりの時間を割いて練習が行われます。いくら個々のメンバーが優れていたとしても、チームワークがなければ世界の強豪国とは戦えないからです。したがって一般に持たれている印象とは異なり、英語ディベートは協調性を身につけるためのよい機会になるのです。

❹ アカウンタビリティ（グローバル人材の育成）

　ここまで、英語ディベートには、英語力とともに思考力・知的探求力を高める効果があることを述べてきました。こうしたメリットに加えて、三上（2019）は、ディベートの効用として「自らの主張に対して理由と根拠を明示」するアカウンタビリティが身につくことのメリットを上げています。三上（2019）によれば、アカウンタビリティは、さまざまな文化や背景知識を持つ人たちが集うグローバル化社会において、お互いを理解する上で非常に

重要な能力であり、グローバル人材を育成する上で、英語力や思考力とともに、人材を育てる柱となるという理解から、英語ディベートを実践することの必要性を強調しているのです。こうしたことから、グローバル人材を育成することがわが国にとって急務であると叫ばれている今、英語ディベートはそうした人材を育てるための一つの重要な活動であるといえるのです。

補：教員のための英語ディベート

　教員研修のために全国を回っていると、生徒の指導に関すること以外に、教員自身の英語力や指導力をどうやって向上すればよいのか、その方法が知りたいという質問を多く受けます。やはり、英語ディベートを生徒に指導する際に、自身の英語力・指導力を高めておきたいと考える先生方が多いのは当然だと思います。その際、先生方が答えに期待しているのは、どのような教材や英会話学校がよいのかということのようですが、私はその質問に対しては、「英語ディベートを活用するのが一番よい」と答えています。なぜなら、先に述べたように、英語ディベートは英語力やさまざまな能力を高める上で非常に効果的な活動であり、それはもちろん生徒だけでなく、教員にとっても非常に役立つトレーニングとなるからです。そこで、ここでは英語ディベートを通して、教員自身の英語力や指導力をどう向上させればよいかについてご説明したいと思います。

❶ ディベーターとして英語ディベートに参加する
　まずやはり実際にディベーターとして英語ディベートに参加することが、英語力や指導力を鍛えることへの近道になります。どのような効果があるかについては本書の中ですでに述べてきましたが、やはり教員自身も自身の英語力を鍛えるために英語ディベートを活用しない手はないと思います。また自分自身が実際に英語ディベートを行うことによって、いかに

英語で議論をするのが難しいかが分かり、生徒の気持ちもよく分かるようになり、的確な指導が可能になるというメリットもあります。

　では、どこで英語ディベートを練習すればよいかということですが、二つの場を紹介します。まずは生徒と一緒に試合をするのがおすすめです。授業であれ、部活動であれ、生徒に混じって実際に英語ディベートをするということです。たとえば、私自身も部活動で、人数が足りない場合は、積極的に生徒と一緒に英語ディベートをしています。「生徒の前で恥をかけない」と思い、そうした状況を避けてしまいがちですが、そうしたプレッシャーの中で英語を話すこと自体がよいトレーニングになりますし、失敗する姿を生徒に見せるのも生徒にとってはよい勉強になると思います。

　もう一つの練習場所は、社会人・教員ディベート練習会です。詳しくは巻末のコラムを見ていただきたいのですが、英語ディベートの練習会や大会は学生だけでなく、社会人・教員が参加できるものもあり、社会人・教員にとって英語ディベートは非常に人気のある活動となってきています。さまざまな方々がさまざまな場所で練習会を開催していますが、いつ・どこで練習しているかは、私が運営しているFacebookのグループ（「社会人英語ディベート」）で知ることができますので、ぜひご活用ください。そうした練習会に参加されている方々はみな、英語ディベートを通して英語力や思考力を高め、知識を広げたいと思っている方々ばかりなので、よい刺激が受けられると思います。

　また、英語ディベートの試合をするだけでなく、第3章2「競技ディベートの指導」で述べるトレーニングをすれば、さらに英語ディベートを活かして、自身の英語力を高めることが可能になります。たとえば、私自身もいまだに試合をしたあとには、復習としてスピーチ練習をしており、毎日歯磨きをする感覚で、朝晩それぞれ3〜7分間のスピーチを数回するようにしています。

❷ ジャッジを積極的に行う

　ジャッジを積極的に行うことも自身の能力を高める上でとても重要です。なぜなら、それはリスニングの機会となるだけでなく、複雑な議論を整理し、勝敗を決め、適切なフィードバックをすることが求められるからです。その結果、英語力だけでなく、論理的思考力や的確なコメントをする力を養う重要なトレーニングになります。

　ただその一方、大会などで、自信がないからといってジャッジをすることを避ける先生方の気持ちも理解できます。私自身も、世界一のメンバーが集うシドニー大学の練習会や高校生の世界大会でジャッジを行った際にはうまくできず、冷や汗をかくと同時に、非常に悔しい思いもしました。しかし今では、その時の悔しい思いが、日々努力する動機づけにもなっています。

　では、具体的にどのようにジャッジの練習をすればよいのでしょうか。まずは、授業や大会で、ジャッジとして積極的に参加するのが近道です。特に大会については、どの大会においてもジャッジ不足であることが多いので、ジャッジを引き受けると非常に喜ばれますし、そこで経験を積むことが、自分自身の能力を高める一番の近道だと思います。

　もう一つの練習方法は、YouTube に上がっている動画を見て、メモをしたり試合の勝敗を判定したりする練習をするやり方です。私自身は、上記の悔しい思いをしてから、できるだけ毎日このジャッジについてのトレーニングを行うようにして、リスニング力とともに、さまざまな力を鍛えるようにしています。

❸ 日頃から知識を蓄える

　最後は、日頃からさまざまな知識を蓄えておくことです。やはり指導者としては、生徒からの質問を受けることが多くあるので、それに答えられるようにさまざまな知識を事前に蓄えておくことも必要でしょう。たとえば、授業であるトピックを扱う際には、事前にそのテーマについてのさまざま

な情報を調べたり、部活動の試合で利用したトピックに関して、あとで復習して知識をストックしたりすることで、知識の幅を広げることが可能です。具体的な情報収集方法や復習方法についてはのちの「指導編」のところで説明します（第3章2「競技ディベートの指導」）が、生徒だけでなく、教員自身も、英語ディベートを通して、知識の幅を広げることが重要です。なぜなら、そうした背景知識を広げることによって、授業内で話す内容も充実し、結果として授業の質を高めることにつながるからです。日頃なかなか関心を持てないことでも、英語ディベートをすることによって興味関心が高まり、探求心も自然と湧いてくると思います。

第2章 実践編

第1章では、
英語ディベートとはどういうものなのか、
またその教育効果についてご説明しました。
第2章の実践編では、実際に、
授業や部活動で英語ディベートを実践するための
理論や方法を紹介していきます。

1 | 英語ディベートを実践するための土台作り（基本スキルと段階的アクティビティ）

　ここでは、英語ディベートを実践するための土台作りとして「基本的なスキル」とそのスキルを学び身につけるための「段階的アクティビティ」を紹介していきます。

　もちろん、こうした手順を踏まず、いきなり英語ディベートを実践することも、場合によっては可能かもしれません。ただ、なぜこうした基本スキルを学び、身につけることが大事かというと、いきなり英語ディベートの試合をやらせようとしても、なかなかうまくできず、そこから得られるメリットも少なくなる可能性があるからです。実際、全国を回ってワークショップをやっていると、「授業で英語ディベートをやっても、形だけで実になっていない」といった声や、「いきなり英語ディベートをやらせて、ディベートが嫌いになってしまう生徒が多くいる」といった声をよく聞きます。ですので、英語ディベートを実際に行うために、どのような基本スキルを身につけるべきか、また、そうした基本スキルをどのようなアクティビティによって身につけていけばよいのかを、ここでは紹介していきます。

　ここで紹介する基本スキルやアクティビティは、授業で英語ディベートを実践するためのものであると同時に、それ自体が英語力向上のために必要なスキルやトレーニングとなるので、授業の帯活動などでスピーキングやライティングのトレーニングとしても活用できるものです。ですので、英語ディベートの目的以外にもぜひご活用ください。

　また、ここでのアクティビティは基本的には授業向けのものではありますが、競技英語ディベート（部活動）においても役立つものです。例えば、基本スキルに関しては、競技をする上では絶対に身につけておかなければなりませんし、アクティビティについては、はじめて英語ディベートに触れる新入部員や、試合形式の練習ができない時などにも活用できると思

います。したがって、各アクティビティの説明の中では、こうしたアクティビティを部活動でどう活用すればよいかについても触れていきます。

　ただし、ここで紹介する理論や方法は、競技ディベートをもとにして、授業に応用しやすい形にするために著者が考えたオリジナルな内容であるため、厳密な意味では競技ディベートで用いられている定義や解説とは若干異なる部分があります。その点についてはご了承ください。

　では、どのような段階を踏めば、英語ディベートをスムーズに実践することができ、またその実践をより実りのある活動にすることができるのでしょうか。ここでは、その目的を達成するための三つのステップを紹介します。

STEP1：　立論（自分の考えを提示する）
STEP2：　反論（他者の考えを分析する）
STEP3：　まとめ・比較（お互いの考えをまとめる・比較する）

　これら三つはそれぞれ英語ディベートを実践する上で重要な基本スキルとなるもので、これらを確実に身につけること自体が土台作りとなります。

STEP1：立論（自分の考えを提示する）

概要

　英語ディベートを実践するための土台作りの最初のステップは立論です。特に、最初の段階として、論理的かつ説得的な立論を学び、その型と表現を身につけることが非常に重要です。英語ディベートは、ある論題に対して肯定か否定かいずれかの立場に分かれ、それぞれの立場を支持する理由を述べること（＝立論）が最低限求められることから、このスキルを学ぶことが最初のステップとなるのです。

　そもそも、なぜ論理的かつ説得的である必要があるかというと、第1章

でも述べたように、英語ディベートは、第三者を説得する必要があるからです。誰に対しても分かりやすく説明するためには、立論が論理的でなければなりませんが、ただ論理的なだけでは、第三者を説得することは難しいでしょう。そこで、最初のステップとして、論理的かつ説得的な立論を学び、その型と表現を身につけることが重要になってきます。

　ここでは、まず理論編として、そもそも立論とは何か、そして立論を行うための基本スキルとはどんなものなのかについてご説明します。次に、そのスキルを身につけるための段階的アクティビティについてもご説明します。

理論

　立論とは、論題を肯定、あるいは否定する際の理由となるものです。肯定、否定どちらの主張をする場合でも、論証責任が伴います。論証責任とは、主張が正しいことを証明するためにその理由を示すことです。

　ディベートにおいては、論題を肯定あるいは否定する理由をきちんと論理的に述べる必要があります。それはつまり「好きなものはよい」「嫌いなものは悪い」といったような主観的主張であってはいけないということで、ディベートでは、なぜそう主張できるのか（なぜ賛成／反対といえるのか）を論証する責任があります。その論証責任を果たすために必要なのが立論なのです。

　では、その立論をどうしたら論理的に述べることができるでしょうか。ここでは論理的に立論を述べるために英語ディベートでよく用いられる二つの型を紹介します。それは「AREA」「NLC」の二つです。これらの型を覚えれば、論理的な立論がある程度できるようになります。尚、立論に関してはこれら以外にもさまざまな型がありますが、授業ディベート・競技ディベートともに最低限必要となる二つの型をここでは取り上げています。

┌─────────────────────────┐
│ 立論の型❶：AREA   │
│ 立論の型❷：NLC   │
└─────────────────────────┘

立論の型❶：AREA

　一つ目の型はAREAです。AREAとは、Assertion（主張）、Reason（理由）、Example（例）、Assertion（再主張）の頭文字を取ったもので、この型を用いると、自分の主張を論理的に説明することができます（下記の具体例を参照）。なぜAREAが効果的なのかというと、まず結論が先にくるという英語の特性（Conclusion Comes Firstの原則）によって、何が言いたいのかが明確になるからです。そして結論を先に提示したあと、具体的になぜそう主張できるのか、その根拠を具体的に述べていくことによって、立論の論理構成が明快になるのです。

　また、Eに関しては、Example（例）だけでなく、Explanation（説明）やEpisode（逸話）、Evidence（証拠資料）であってもかまいません。

　なお、二つ目のA（再主張）に関しては、繰り返して入れるとくどくなる可能性があるので、入れない場合もあります。つまり、AREAではなくAREになるということです。

┌─────────────────────────────────────┐
│ 具体例│トピック：宿題を廃止すべきか？   │
└─────────────────────────────────────┘

Assertion: I believe that we should ban homework.
（宿題を廃止すべきだと考えます。）

Reason: This is because many students cannot spend their time on what they want to study due to homework.
（なぜなら、多くの生徒が宿題のせいで、自分が勉強したと思っていることに時間を費やすことができなくなっているからです。）

Example: For example, when each teacher gives a lot of homework, students cannot focus on their weak subjects such as mathematics and English.

（たとえば、各教員がそれぞれの宿題をたくさん出す場合、生徒は数学や英語など、自分の苦手科目に焦点を絞ることができていません。）

Assertion: Therefore, we should ban homework.

（したがって、宿題は廃止すべきです。）

立論の型❷：NLC

　二つ目の型はNLCです。NLCは、Numbering（論点の数）、Labeling（論点のラベル）、Contents（論点の中身）の頭文字を取ったものです。なぜNLCが効果的なのかといえば、AREAでは説明しきれない場合があるからです。

　AREAも論理的な説明をする上で便利な型ではあるのですが、実際に利用する際には、R（理由）とE（例）がそれぞれ一つということはまれです。人を説得しようとする際には複数の理由や複数の例を用いることが多いので、その際にこのNLCの型を覚えておくと、複数の観点を論理的に整理することができます。

> 具体例｜トピック：宿題を廃止すべきか？

Numbering: I have two reasons why I agree that we should ban homework.

（宿題を廃止すべきだという点に賛成する理由は二つあります。）

Labeling: The first reason is lack of time for what we want to study, and the second reason is lack of time for sleeping.

（一つ目の理由は、自分のやりたい勉強のための時間が無くなってしまうこと、二つ

目の理由は睡眠時間が少なくなってしまうことです。）

Content: I'll explain these reasons one by one.

（これらの理由をそれぞれ説明していきます。）

補足：AREAとNLCの組み合わせ

　実際に立論を行う際は、AREAとNLCを組み合わせて用いると、整理された分かりやすい立論となります。

具体例 ｜ トピック：宿題を廃止すべきか？

Assertion: I believe that we should ban homework.

（宿題を廃止した方がよいと考えます）

(Numbering): There are two reasons to support this idea.

（その理由は二つあります。）

(Labeling): The first reason is lack of time for what we want to study, and the second reason is lack of time for sleeping.

（一つ目の理由は自分のやりたい勉強のための時間が無くなってしまうこと、二つ目の理由は睡眠時間が少なくなってしまうことです。）

Reason 1 (Content 1): First, I will talk about the lack of time for what we want to study.

（まず、一つ目の理由である「自分のやりたい勉強のための時間が無くなってしまうこと」について述べていきます。）

　なぜこうした型を覚えることが論理的な立論をすることにつながるかと

いうと、このような型に基づいて話すことによって、話の内容が整理されるからです。話の内容が整理されると、言葉と言葉、つまり、一つひとつの文のつながりが明確となり（論理的になり）、聞き手にとって分かりやすいものになるのです。そうしたことから、立論のための型を覚えることが、論理的な立論をするための第一歩となるのです。

実践

　上記のような立論の型（AREA・NLC）を身につけるためにどのようなアクティビティをすればよいかについて述べていきます。具体的なアクティビティとしては、たとえば、帯活動として授業の最初に自分の意見を簡単に述べる機会を与えたり、教科書の英文を読んだあとに自分の意見を話す機会や書く機会を与えたりするアクティビティが考えられます。そしてその際に、AREAやNLCの型を意識的に使うように促し、経験的に立論の型を学ぶようにするのがよいと思います。

　ここではさらに、論理的かつ説得的な立論を学び、その型と表現を身につけるための三つの段階的なアクティビティの例を紹介します。

> **段階的アクティビティ例❶**：論理的な自己紹介（二つの事実と一つの嘘）
> **段階的アクティビティ例❷**：繰り返しスピーキング
> **段階的アクティビティ例❸**：同サイド異アーギュメント

段階的アクティビティ例❶：論理的な自己紹介（二つの事実と一つの嘘）

　議論文化に馴染みが薄いと言われる日本においては「自分の意見を述べろ」と急に言われても困惑してしまう生徒も多いのではないかと思います。また、いきなり社会問題を扱ったトピックで意見を述べさせようとしても、ハードルを高く感じてしまう生徒も多くいます。それゆえ、そうしたハードルをできるだけ低くして、どの生徒でも楽しみながら立論の型を学べるアクティビティが重要になってきます。

ここで紹介するアクティビティは、まさにそうした目的のために考えられたもので、論理的な説明の仕方を自然に学ぶことのできるものです。通常、立論というと、何かのトピックに対して自分の意見を言う形で行うものが多いのですが、このアクティビティでは、自己紹介を通して、AREAとNLCを学びます。具体的には、ただ自己紹介をするのではなく、AREAとNLCに基づく型を用いて自己紹介をしてもらうというものです。またその際、ただ自己紹介をするのではなく、自己紹介の中に一つ「嘘」を入れるといった形で、単調になりがちな自己紹介を変則的なものにして、楽しみながら立論の型が学べるようになっています。

段階的アクティビティ例❶ │ 論理的な自己紹介（二つの事実と一つの嘘）

■レベル

初級

■目的

① 簡単な活動を通して論理的な立論を学ぶ

② 楽しみながら英語を論理的に話す

③ 聞き手を惹きつける話し方を学ぶ

■方法

① 自己紹介の準備

三つの事実（趣味・好きな食べ物など）を述べて自己紹介をする準備をします。ただし、三つの事実の中に一つだけ嘘を入れることは事前に周知しておきます。

ポイント① ……内容を考える際は、AREAとNLCの構成を意識させます。具体的には「私には三つの『〜』があります。一つ目の『〜』は〜

です。二つ目の『〜』は〜です」といったように、ただ自己紹介をするのではなく、論理構成を意識した自己紹介にします。

ポイント②……「嘘」を入れる理由は、聞き手に興味関心を持ってもらうためと、話し手が聞き手を惹きつけて話すようにするためです。三つの『〜』(うち一つは嘘)を言い終えたあと、最後に「Which do you think is a lie?」といったようにクイズの形にするように指示すると効果的です。

② グループ作成・発表

三人〜四人で一組になって、それぞれが自己紹介をしていきます。一人の自己紹介が終わったら、次の人が自己紹介を行います。

▇ 具体例

Hi, everyone. My name is Amane Kawano. Today, I'm going to talk about my hobbies. I have three hobbies. The first hobby is watching soccer games. For example, I go to watch J. league games in stadiums almost every weekend. Also, I try to watch international soccer games on TV every day. The second hobby is…. The third hobby is …. These are my hobbies. Which hobby do you think is a lie?

(こんにちは、みなさん。私の名前は河野周です。今日は、自分の趣味についてお話します。私には3つの趣味があります。最初の趣味はサッカーの試合の観戦です。たとえば、私はほぼ毎週末にスタジアムでJリーグの試合を観戦します。また、毎日テレビで海外のサッカーの試合を見るようにしています。二番目の趣味は…。三番目の趣味は…。これらが私の趣味です。どの趣味が嘘だと思いますか。)

▇ 応用

① プレゼン形式で行う

生徒によっては即興での実践が苦手な子もいるため、事前に自己紹介をす

ることを伝えて準備させるやり方もあります。PowerPoint や Google Slide を使ってプレゼンテーション形式で発表させることで、生徒の IT 能力も高めることができます。

② トピックを自由に変える
今回の例は「自己紹介」でしたが、「二つの事実と一つの嘘」という形であれば、どのようなトピックでもかまいません。たとえば、「夏休みの思い出」「修学旅行での出来事」など、さまざまなトピックで簡単にできるのが、このアクティビティの特徴であるといえます。

■ 競技・部活動での活用
新入部員の最初の練習の時に、この「論理的な自己紹介」は非常に役立ちます。AREA/NLC は、英語ディベート大会に出る部員にとってはぜひ知っておかなくてはならない型なので、楽しみながら活用してみてください。
また、このアクティビティは、多くの学校が集まる練習会などで、アイスブレイクとしても有用です。自己紹介に限らずさまざまなトピックを扱いつつ、立論の基本的な型を覚える機会にするとよいでしょう。

段階的アクティビティ例❷：繰り返しスピーキング

　立論の型をある程度学んだあとは、その型を「身につける」トレーニングが必要になってきます。ここでいう「身につける」とは、立論の型のことを意識することなく自らの立論を主張できるようになることです。なぜそこまでやる必要があるかというと、型をただ覚えているだけでは、とっさの場合に論理的な型に基づいた立論ができないからです。特に、立論が重要な英語ディベートにおいては、立論がきちんと「身について」いないとなかなかよい議論ができません。また、英語学習者にとっては、そもそも英語で議論すること自体が大変なので、最も基本となる立論の型については、考えなくてもすぐに活用できるようにしておく必要があるのです。

そこで、ここで紹介するアクティビティは、立論の型を考えなくてもすぐに活用できるレベルに達するようにするためのものです。通常のアクティビティでは、自分の意見を「一回言って終わり」となりがちですが、このアクティビティでは、自分の意見を複数回言うことで、型を意識することなく自分の意見を言うことができるようにトレーニングします。Bygate（2011）によれば、繰り返し同じ内容のスピーチをすることによって英語の流暢性が高まることが示唆されています。またそれと同時に、繰り返しスピーチを行うことで、自分の説明の論理性や表現性などを見直し、自分の意見を徐々に洗練させていくこともできます。このように、このトレーニングによって、論理的な立論の型を身につけるだけでなく、英語の流暢性、説明の論理性、表現性なども改善することができ、さまざまな効果を得ることができます。この「身につける」という考え方やアクティビティは、論理的な立論の型と表現を身につける時だけでなく、このあとで紹介する「反論」の型と表現を身につける際にも重要になります。

| 段階的アクティビティ例❷ | 繰り返しスピーキング |

■レベル

初級

■目的

① 論理的な立論の型と表現を身につける

② 論理性だけでなく、流暢性・表現性も高める

③ 短期間にスピーチ力を上げる

■方法

①トピックの提示

自分の意見を述べるためのトピックを提示します。

② 一回目のスピーチのための準備時間

そのトピックに対して自分の意見を考えさせます（スピーチの構成を考える際は、AREAとNLCを意識させます）。

③ 一回目のスピーチ

二人一組になって、交代でスピーチを行います（スピーチの際は準備した原稿をずっと見続けないように指示するとよいでしょう）。

④ 二回目のスピーチのための準備時間

両者のスピーチが終わったら、二回目の準備を行います

（ここで、一回目に言えなかった表現を調べたり、内容を書き直したりします）。

ポイント ……… なぜ一度行ったスピーチをもう一度やるのかというと、一回目のスピーチでは完璧なスピーチができないことの方が多いからです。一度目のスピーチで改善点が明確になり、直したい点もはっきりするので、それを基に次のスピーチの準備をさせます。二、三回同じトピックで準備・スピーチすることで短期間にスピーチ力を向上させることができるのです。

⑤ 二回目のスピーチ

今度は逆の順番でスピーチを交互に行います（スピーチの際は準備した原稿を一回目よりも見ないように指示するとよいでしょう）。

⑥ 三回目のスピーチのための準備時間

両者のスピーチが終わったら、三回目の準備を行います。（この段階でスピーチがほぼ完成している場合は暗唱をする時間にするとよいでしょう）。

⑦ 三回目のスピーチ

最後は、どちらからでもよいので三回目のスピーチを行います（スピーチの

際は準備した原稿を完全に見ないように指示するとよいでしょう）。

■応用

① トピックのレベルを変える

スピーチすることに慣れていない場合は、できるだけ話しやすいトピックにするとよいかと思います。また逆に、話すことに慣れている場合は、難しいトピックや、英検の二次試験の内容などをトピックにすると、生徒のやる気が増すと思います。

② 話す時間／準備時間を変える

これも生徒のレベルによって、色々と変えてみるとよいと思います。このアクティビティをより効果的にするコツは、準備時間を徐々に減らすことです。そのことによって、毎回の準備が緊張感のあるものになります。

発展形としては、「スピーチ時間を毎回変える」というやり方もあります。そうすることで、生徒は自分のスピーチ時間を意識しなくてはならないので、自分のスピーチを客観的に見る力が養われます。

③ 授業で使ったテキストの内容で議論させる

新規のトピックではアイディアが浮かばないことが想定される場合は、一度授業で使ったテキストの内容でスピーチをさせてもよいかもしれません。そうすることで、テキストに出てきた表現の復習にもなります。また、このアクティビティは、そこまで時間がかからずに実施できるので、テキストのまとめとして行ってみてもいいかもしれません。

■競技・部活動での活用

このアクティビティ（繰り返しスピーチをする）の考え方は、競技英語ディベートにおいても非常に重要なものです。第3章2「競技英語ディベートの指導」でも詳しく述べますが、同じトピックでのスピーチを何度も繰り返すことは、

スピーチの能力向上のためには必要不可欠です。大会で活躍する多くの
ディベーターが、一つのトピックで何度もスピーチを繰り返しています。いつ
もやっている試合形式の練習だけでなく、その試合で行った内容と同じス
ピーチを何度も繰り返す練習をして、論理性・流暢性・表現性をぜひ高め
てください。

段階的アクティビティ例❸：同サイド異アーギュメント

　これまで紹介してきたアクティビティは論理的な立論の型を学び、身に
つけるためのアクティビティでした。もちろん論理的な立論をする上で、そ
うした型を身につけることは必須ですが、それだけでは十分ではありませ
ん。なぜなら、立論は論理的であるかどうかと同時に、第三者を説得で
きるものであるかどうかが重要だからです。そこで、ここでは説得的な立
論を学ぶためのアクティビティをご紹介します。

　説得的な立論を学ぶために、ミニディベートが実践されることもありま
す。それは、三人一組になり、一人が肯定側、一人が否定側、一人が
ジャッジに分かれて行われるものです。肯定側と否定側がそれぞれの立
論を行い、第三者のジャッジが、どちらの立論の方が説得的だったかを
評価することで、説得的な立論を学ぶというものです。これは比較的簡
単にできるディベートなので、目的によっては有効なアクティビティだといえ
ます。

　ただ、ミニディベートのようなアクティビティには、二つの問題点がある
と私自身は感じています。一つは、議論に慣れていない生徒が、いきな
りこの活動を経験すると、心理的な負担が大きいという点です。肯定・
否定に分かれると、どうしても議論を戦わせるような雰囲気が生じてしま
い、ディベートに慣れていない生徒にとっては負担になる可能性がありま
す。二つ目の問題点は、生徒がジャッジすることに慣れていない場合、ど
ちらの主張がよりよいのかを評価するのが難しいということです。両者の
主張は、立場の異なる意見なので単純に比較することができず、どちら

が優勢かを決めることが難しいからです。

　そこで、ここに紹介するアクティビティは、そうした問題点を考慮して、ミニディベートよりももっと簡単で、心理的な負担の少ないものです。そのアクティビティというのは、賛成側・反対側に分かれて議論を闘わせるのではなく、同じ立場（肯定側と肯定側、あるいは否定側と否定側）でスピーチを行わせ、どちらのスピーチの方がより説得的であったかを比較するというものです。こうすることで、ディベートに慣れていない生徒への心理的な負担を軽くするだけでなく、ジャッジにとってもどちらの立論の方がよかったのかを比較しやすくなります。こうしたアクティビティを通して、どのような立論がより説得的なのかを経験的に学ぶことができます。

　また、このアクティビティの前後に、どのようなことに気をつけると立論が説得的なものになるのかを説明してもよいでしょう。補足：判定（Judging）3.「立論の評価方法」(p.93)で、どのような立論が説得的なのかを詳しく説明しているので、そちらをご覧ください。端的に言えば、立論をする上では「明確な根拠」「具体性」「関連性」という三つの要素が重要になってきます。その点を、このアクティビティと絡めて説明すると、生徒は説得的な立論とは何かを学べるでしょう。

段階的アクティビティ例❸ | 同サイド異アーギュメント

▓ レベル

中級

▓ 目的

① 説得的な立論を学ぶ

② 同じ立場で立論を行うことで精神的な負担を軽くする

③ 比較しやすい立論でジャッジの練習を行う

■方法

① 役割決め

三人一組のグループを作ります。そこで、一人目のスピーカー・二人目のスピーカー・ジャッジの役割分担を決めます。

② スピーチの準備

役割が決まったら、トピックを提示し、準備を始めます。ここで重要なことは、通常のディベートとは異なり、賛成側・反対側に分かれるのではなく、各スピーカーが同じ立場（肯定側と肯定側、あるいは否定側と否定側）でスピーチを考えるようにするということです。

たとえば、トピックを「タバコの喫煙を禁止すべきだ」とした場合、二人のスピーカーが同じ立場（両者とも「タバコの喫煙を禁止すべき」、あるいは、両者とも「タバコの喫煙を禁止すべきでない」）で、スピーチを考えます。

③ 一人目のスピーチ

準備時間が過ぎたら、すぐにスピーチを始めます。一人目のスピーカーの難しいところは、あまり準備時間がないことですが、そうすることで即興力を鍛えることができます。

④ 二人目のスピーチ

続いて、二人目のスピーカーがスピーチを行います。ここで大事なことは、一人目のスピーカーが使用した立論のアイディアや表現とはできるだけ異なるものでスピーチをさせることです。こうすることで、一人目のスピーカーと同じく、即興力を養うことができます。

＊ただし、英語力に自信のない生徒の場合は、一人目のスピーカーを「お手本」にしても構わないと指導するのもよいでしょう。そうすることで、白紙の状態から英語話さなくてはいけないという心理的負担を減らせるからです。

⑤ ジャッジング

二人のスピーチが終わったら、ジャッジはどちらのスピーチの方がより説得力があったのかを評価し、その理由を述べます。ここでのポイントは、どのようなスピーチが説得力を持っているのかを考えさせるということです。

実際のディベートの場合は、そもそも賛成側と反対側の考えが異なるので比較が難しいのですが、同じ立場であると比較がしやすくなるので、それを利用して、より説得力を持ったスピーチとは何かについても考えやすくなるのです。

⑥ 次のラウンドへ

この一連の流れが終わったら、それぞれの役割を交代します。三セット行うことで、生徒は全ての役割を経験できます。そして、これにより生徒自身が自らのスピーチを客観的に評価できるようになるのです。

■応用

① 最初は日本語で行う

まだ立論を英語で話すことに慣れていない場合は、日本語で行ってもかまいません。日常生活においては、そもそも立論を考える機会などあまりないのが普通ですから、まず母語できちんと説得的な立論を考え、それを言えるようにすることが必要です。

② トピックのレベルを変える

トピックもできるだけ話しやすいものにすると、二人のスピーカーがより多くのことを喋るようになるので、どちらの方が説得的な立論かを考えるよいきっかけになります。一方で、知的好奇心をくすぐるためには、あえて難しいものをやってみてもよいかもしれません。

この「同サイド異アーギュメント」というアクティビティは、練習会で試合をするための人数が足りない時などに行ってみるとよいでしょう。より説得的な立論とは何かを経験的に学ぶことができます。

ただ、このような形式（同じサイドで二人が立論を行うこと）は、「肯定と否定の二手に分かれるディベートの『本質』と異なるので、練習としてはあまり意味がないのではないか」と思う方もいるかもしれません。しかし実は、このアクティビティは、大学生の世界大会で行われる競技英語ディベートの形式から著者が思いついたものなのです。その形式とは、肯定二チーム・否定二チーム、合計四チームで議論を行うBritish Parliamentary Style（通称、BP Style）というもので、肯定二チーム、否定二チーム、それぞれの二チームが同じ立場で議論を行います。そして、論題の是非の議論に関して、より貢献度の高い立論を行ったチームが評価され、一位から四位という順位が決められるというものです。「同じ立場で立論を考える」というアクティビティは、同じ立場に二チームがいる上記の試合形式からまさにヒントを得て発案したものです。したがって、決して変則的なものではなく実践する価値のあるものだと思いますので、ぜひご活用ください。

発展：AREA / NLC 以外の立論の型

ここでは発展の型として、AREA / NLC 以外の立論の型を紹介します。AREA・NLCだけでも十分に整理された立論にすることができるのですが、より複雑な立論を行う場合には、以下のような型も参考になります。

> 立論の型❸：True × Important
> 立論の型❹：Problem Solving Format

立論の型❸：True × Important

先述のように、立論とは論題を肯定あるいは否定する際の根拠となる

ものですが、その際、その立論の信憑性が十分にあり、重要性も高いことを示す必要があります。そうでなければ、第三者を説得することはできないからです。

そこで、ここで紹介するのは、最近の競技における即興型英語ディベートで主流になっている「True / Important」という型で、立論の中に、このTrueとImportantの要素を意識的に入れて説明する型となります。

Trueとは「信憑性がある」ということで、自分の主張がいかに正しいものであるかを述べるものです。いくら論理的な立論を行ったとしても、その立論の内容に信憑性がないと感じたら、聞き手は説得されないでしょう。一方、Importantとは「重要性が高い」ということであり、その主張が正しいとした上で、同時になぜその主張が重要なのかを説明することを指します。たとえ立論に信憑性があったとしても、その重要性が分からなければ、やはり聞き手は説得されないでしょう。

つまり、TrueとImportant、この二つの要素を意識的に組み合わせて立論を組み立てることができれば、信憑性と重要性の両方を意識した立論を行うことができるということです。また、それぞれの要素を説明する際に、すでに学んだAREAの型を組み合わせると、論理的かつ説得的な型になります（下記の具体例を参照）。

具体例｜トピック：宿題は廃止すべきか？

True (+AREA)

Assertion: By banning homework, students will be able to spend their time on what they want to study.

（宿題を廃止すれば、生徒たちは自分の勉強したい事に時間を費やせるようになるでしょう。）

Reason: This is because there is a plenty of free time after school thanks to no homework.

（なぜなら、宿題がないおかげで、放課後はたっぷりと時間があるからです。）

Example: For example, our school day ends at 4 p.m., so, if there is no homework, we can do whatever we want to do.

（たとえば、私たちの学校では午後4時に授業が終了するので、宿題がなければ、私たちは何でもやりたい事ができます。）

Assertion: Therefore, by banning homework, students will be able to spend their time on what they want to study.

（ゆえに、宿題を廃止すれば、生徒たちは自分の勉強したい事に時間を費やせるようになるでしょう。）

Important (+AREA)

Assertion：To spend their time on what they want to study is very important for students .

（生徒たちが自分の勉強したい事に時間を費やすことは、生徒にとってとても重要です。）

Reason: This is because it enables them to find what they want to do in the future.

（なぜなら、そのことによって、生徒は自分が将来やりたいことを見つけることができるからです。）

Example: For example, if you study about space a lot and become more interested in it, you might think that you would like to be an astronaut in the future.

（たとえば、宇宙のことについてたくさん勉強し、より興味を持つことで、将来宇宙飛

行士になりたいと思うかもしれません。）

Assertion: Therefore, to spend their time on what they want to study is very important for students.
（ゆえに、生徒たちが自分の勉強したい事に時間を費やすことは、生徒にとってとても重要なのです。）

立論の型❹：Problem Solving Format

　もう一つの型として、Problem Solving Format を紹介します。英語ディベートではさまざまな論題が提示されますが、その中で比較的多いものは「政策」に関する論題です。政策に関する論題とは、たとえば「タバコの喫煙を禁止すべきだ」や「安楽死を合法化すべきだ」など、政府の提示する政策がよいのか、悪いのかを議論するものです。

　その政策論題に役立つのが「Problem Solving Format」という型です。これは、① 現状（Present Situation / Status Quo）② 政策の効果／影響（Effect / Mechanism）③ 重要性／深刻性（Importance / Seriousness / Impact）の三つの要素から成ります。

　肯定側と否定側それぞれで、この三つの要素をもとに立論を組み立てると、以下のようになります（＊正式な競技ディベートで説明されているものとは若干異なる可能性があります）。

　肯定側であれば「① 現状：この政策がない世界では、ある深刻な問題があり、② 政策の効果：この政策がある世界では、その問題がなくなり、③ 重要性：その状況は非常に重要なものである」といった説明になります。

　一方、否定側であれば「① 現状：この政策がない世界では、問題はないが（問題があってもそこまで深刻ではないが）、② 政策の影響：この政策がある世界では、新たな問題が生じ、③ 深刻性：その状況は非常に深刻なものである」といった説明になります。

政策論題について、この三つの要素を意識して立論を組み立てると、より説得的な立論になる（なぜその政策がよいのか、あるいは悪いのかが明確に証明できる）ことが、この型の優れている点です。

[**参考：生徒スピーチサンプル：肯定側立論**]

　ここまで学んだ「立論」の復習として、生徒のスピーチサンプル（肯定側立論）を載せます。あくまでも参考例ですが、立論の雰囲気が分かると思います。スタイルで言うとPDAスタイルに基づいていて（第2章2「英語ディベートを実践するための形式とルール」を参照）、3分程度のスピーチになるように作られています。

　英文に関しては、競技英語ディベートでよく使用される表現を知ってほしいということで、高校生レベルよりも敢えて難しい表現にしているところもあります。授業で英語ディベートを実践する場合は、もっと簡単な英単語や英語表現で行っても、もちろんかまいません。ただ、第2章1で学んだ「立論の型」がたくさん盛り込まれており、それらは授業でもすぐに導入することが可能だと思うので、型の部分はぜひ参考にしてみてください。

　そして、この立論は説得力があるかどうかもぜひ考えてみてください。また、STEP 2の「反論」の項（p.78）には、この立論内容に対する否定側立論の生徒スピーチサンプルも載せていますので、どちらの立論がより説得的であるか、それもぜひジャッジになったつもりで考えてみてください。

スピーチ原稿	解説
Hello everyone. Today's debate topic is "We should ban homework." I'll talk about two things: definition and argumentation.	〈導入〉 挨拶／論題とともに、最初に何について話すかを示すと、聞き手にとって分かりやすいものになります。
First of all, definition. We will define this topic as follows. Firstly, "ban" means that schools and teachers are not allowed to give homework. Secondly, "homework" means all kinds of homework, from elementary schools to universities.	〈定義〉 立論を始める前に、肯定側の一人目は「定義」を行います。「定義」の詳しい作り方については、第2章2の「即興型英語ディベート」を参照してください。 「定義」に関する基本的な考え方は、相手もきちんと議論できる（Debatableな）ものにすることです。
Let's move onto our point. Our point is to improve academic ability. Under the status quo, homework has a negative effect on students' academic ability. There are two reasons for this. The first reason is that students cannot get enough sleep due to the huge amount of homework. For example, at some schools, students have to memorize 100 English vocabulary words a day, and also complete several math handouts, on the same day. As a result, these students tend not to have enough time to sleep due to the excessive amount of homework. The second reason is that feeling sleepy prevents them from concentrating in class. For instance, when their teachers introduce a new topic, they cannot help but take a nap due to their lack of sleep, even though they recognize that they have to be awake during class. These two reasons make it more difficult for students to master the new things they learn in class. Thus, homework has a negative effect on students' academic ability.	〈立論（前半）〉 立論の前半では、「立論の型❹：Problem Solving Format」の「現状」が話されています。つまり、「現状（宿題が廃止されていない世界）」では、どのような深刻な問題があるのか」が示されています。 また、その「現状」を詳しく説明するために、「立論の型❸：True × Important」も利用されています。 Trueについては、Under the status quo, homework has a negative effect on students' academic ability. という論点に対して、二つの理由を提示することで、信憑性が高いことを示そうとしています。 Importantについて言うと、Why is this serious? と説明することで、この論点の重要性が高いことを示そうとしています。 さらに、各説明には「立論の型❶：AREA」と「立論の型❷：NLC」が利用されています。 AREAについては、たとえばUnder the status quo, homework has a negative effect on students' academic ability. というAssertionに対して、二つの理由（Reason）と二つの具体例（Example）が提示され、These two reasons make it... の段落で、まとめとして再主張（Assertion）が述べられています。Why is this serious? で始まる段落も同様に、AREAが用いられています。

Why is this serious? This is because lack of academic ability can decrease their choices later in life. For instance, even if they have something they want to do, lack of academic ability can prevent them from doing so, because academic ability is an important factor for many things such as university admission and job hunting.

Thus, lack of academic ability can have a negative effect on their individual happiness.

NLCについては、There are two reasons for this.とNumberingがなされ、それぞれの説明がなされています。

（＊補足：この例のように、Labelingなしで、NumberingとContentsだけで説明される場合もあります。）

However, once we ban homework, we can solve these serious problems. This is because students can be free from the burden of homework, which enables them to have enough time to sleep and to concentrate in class. That is to say, students can study well during class, which can improve their academic ability.

Why does this matter? As I mentioned before, academic ability is closely connected with their choices in life and students' happiness.

〈立論（後半）〉
立論の後半では、「立論の型❹：Problem Solving Format」の中の「政策の効果」と「重要性」が話されています。つまり、「政策がある世界（宿題が廃止された世界）では、どのように問題がなくなり、またそれがなぜ重要なのか」かが示されています。

また、その「政策の効果」「重要性」を詳しく説明するために、「立論の型❸：True × Important」も利用されています。

Trueについては、However, once we ban homework, we can solve these serious problems.という論点に対して理由づけをすることで、信憑性が高いことを示そうとしています。

（＊補足：他の詳細な理由を加えて、信憑性をより高めることもできますが、今回は立論の前半で「宿題がいかに学力に悪影響を及ぼしているか」の理由を詳しく説明しているので、それを廃止すれば、問題が解決するというシンプルな形になっています。）

Importantについて言うとWhy does this matter?と説明することで、この論点の重要性が高いことを示そうとしています。

（＊補足：立論の前半で、すでに学力の重要性について話しているので、ここで改めて詳しく話さないこともよくあります。）

立論（前半）と同じように、各説明には「立論の型❶：AREA」と「立論の型❷：NLC」が利用されています。

Therefore, for all these reasons, we strongly believe that we should ban homework.

〈結論〉

日本語訳：

みなさん、こんにちは。今日の論題は「宿題を廃止すべきである」です。ここでは二つのことについてお話しします。定義と立論です。

まず、定義についてです。私たちはこの論題を以下のように定義します。第一に、「廃止」とは、先生や学校が宿題を提示することが許されないということです。第二に、「宿題」とは、小学校から大学まであらゆる宿題を意味します。

では、ポイント（立論）に移りましょう。我々のポイント（立論）は「学力の向上」です。

現状、宿題は生徒の学力に悪影響を及ぼしています。その理由は二つあります。

第一の理由は、膨大な量の宿題のせいで、生徒が十分な睡眠が取れていないということです。例えば、学校によっては、一日に英単語を百個暗記し、同じ日に数学のプリントを何枚も終わらせなくてはなりません。その結果、多量の宿題のせいで、生徒たちは睡眠時間を十分に取ることができなくなっているのです。

第二の理由は、眠くて授業に集中できていないということです。例えば、先生が新しい授業内容に入った際に、生徒は起きていなければならないと分かっているのに寝不足のせいで居眠りをしてしまうのです。

こうした二つの理由により、生徒は授業で学ぶ新しい内容を習得するのが難しくなっています。こうしたことから、宿題は生徒の学力に悪影響を及ぼしているのです。

なぜ、これ（学力低下）は深刻なことなのでしょうか？　それは、学力がないと、後の人生において、選択肢が狭まってしまう可能性があるからです。たとえば、やりたいことがあったとしても、学力がないとそれをすることができなくなってしまいます。なぜなら、学力は大学進学や就職活動など、さまざまな場面における重要な要素となるからです。

したがって、学力不足は個人の幸福に悪影響を及ぼす可能性があるのです。

しかし、宿題を廃止すれば、これらの深刻な問題を解決することができます。なぜなら、生徒たちは宿題の重圧から解放され、睡眠時間を取ることができ、授業に集中できるようになるからです。言いかえれば、生徒たちは授業中にしっかりと勉強できるようになり、これが学力向上へとつながるのです。

なぜ、それ（学力向上）が重要なのでしょうか？　先ほども述べたように、学力は、多様な選択肢や幸福と密接に関係しているからです。

したがって、これらの理由から、私たちは「宿題を廃止すべきだ」と強く考えます。

STEP 2：反論（他者の考えを分析する）

概要

　二つ目のステップは、反論にかんするものです。最初のステップは自分の主張を述べる立論のトレーニングを中心に説明してきましたが、反論のトレーニングも非常に重要です。なぜなら、議論を深める上で、反論は

必要不可欠だからです。反論があることで、議論の輪郭が明確になり、お互いの立論の優劣の比較が容易になります。反論こそが英語ディベートの醍醐味と言ってもいいでしょう。

　そこでここでは、理論編として、そもそも反論とは何かについて述べていきます。少し煩瑣な説明になってしまいますが、この理論が分かっていないと、一見反論しているようでいて、実際には効果的な反論になっていないということがありますので、どうかご理解ください。そして、理論を学んだあとは、実践として効果的な反論を学び、その型と表現を身につけるためのアクティビティをご紹介します。

理論

　反論とは、端的に言うと相手の立論を崩すものです。ディベートにおいては、論証責任と同時に、反証責任というものがあります。それはつまり、自分たちの立論が正しいということを証明するだけでなく、相手の立論がなぜ正しくないのかを論証する責任があるということです。なぜなら、そうした反論がないと、どんな疑わしい立論でも認めてしまうことになりかねないからです（ディベートにおいては、反論がない場合は、それを相手側が認めたとみなすことがあります。つまり「沈黙は合意」とみなされる可能性が高くなるのです）。また、お互いの立論をお互いが反証しあうことで、議論を深めていくという目的がディベートにはあります。

　さて、反論の仕方については、二つの種類の反論を紹介します。一つはDirect Refutationと呼ばれるもので、相手の立論の「論証部分」に対して反論するもので、野矢（2006）では「批判」と呼ばれる反論に近い考えです。もう一つはIndirect Refutationと呼ばれる反論で、相手の論証部分を否定せずに（譲歩して）、異なる論証を用いて相手の主張に反論するもので、野矢（2006）では「異論」と呼ばれるものに近い考えです。

　Direct Refutationとは、相手の立論の「論証部分」に対して反論するもので、相手の論証に対して直接的に反論することから "Direct" Refutation

と呼ばれています。香西（1996）は、こうした相手の論証部分に反論するもののことを「論証型反論」と呼び、授業においてはこの反論を訓練することの重要性を述べています。なぜかというと、実際に反論を授業で行うと、ほとんどの場合相手の論証部分を無視した「主張型反論」（≒Indirect Refutation／異論）になってしまうからです。この反論ではただ主張をぶつけ合うだけになってしまう可能性が高いので、議論が平行線を辿ることになってしまいます。相手の論証部分に反論するDirect Refutationは、議論をする上では非常に重要な反論となりますので、ここでは詳しく、どうやってDirect Refutationを行うのかを見ていきたいと思います。Indirect Refutationに関しては「補足」のところで詳しくご説明します。

反論（Direct Refutation）❶：予備知識（論証とは？）

　Direct Refutationとは、相手の立論の「論証部分」に対して反論することであるとすでに述べましたが、そもそも論証とは何でしょうか。この論証の意味をきちんと理解していないと、Direct Refutationがうまくできないので、論証とは何かをまず詳しく見ていきます。

　論証とは、文字通り主張が正しいことを証明することですが、主張の正しさを証明するためには、「主張」「根拠」「隠れた前提」からなる「三角ロジック」と呼ばれる構造をなしていることが必要です。（次頁脚注1〜3）

　「根拠」とは主張を裏付けるための理由（事実・データ）であり、「（隠れた）前提」はその主張と根拠を結びつける理由になります。それでは、具体例を見てみましょう。

三角ロジック＝論証における構造

根拠 ——————→ 主張
　　　　　↑
　　（隠れた）前提

主張：「宿題は廃止されるべきだ」

↑

（隠れた）前提：「自分のやりたい勉強のための時間が最も重要だ（その時間

を奪うものは廃止されるべきだ）」「宿題がなくなれば自分のやりたい勉強ができる」など

↑

根拠：「宿題は自分のやりたい勉強のための時間を奪っている」

　この例が示しているように「宿題は廃止されるべきだ」という主張が正しいことを証明するためには、「自分のやりたい勉強のための時間を奪っている」といったような「根拠」を示す必要がありますが、その根拠から主張が正しいということを説明するためには、「（隠れた）前提」として「自分のやりたい勉強のための時間が最も重要だ（その時間を奪うものは廃止されるべきだ）」「宿題がなくなれば自分のやりたい勉強ができる」といったものが必要であることがわかります。つまり、何かある「主張」を証明しようとする際には、「根拠」と「（隠れた）前提」という構成要素が存在しているのです。（各要素を結ぶと三角になるので「三角ロジック」といいます。）

　ちなみに、「（隠れた）前提」が、なぜ括弧書きで（隠れた）と書かれているかというと、議論を行う際には、前提が明示されないこともあるからです。たとえば、実際の会話やディベートの試合では、「宿題は廃止されるべきだ（主張）。なぜなら宿題は自分のやりたい勉強のための時間を奪っているからだ（根拠）。」といったように、「主張」と「根拠」の二つだけが表現される一方、その前提は表現されないことがあります。ただし、「根拠」から「主張」を導きだすためには、その「前提」が明示されていなくても、必ずなんらかの前提があるはずです。したがって、ここでは「（隠れた）前提」と呼んでいます。

　また「（隠れた）前提」に関するもう一つ重要な点は、それが必ずしも「一

脚注1：厳密には三角ロジックに関する構成要素は別の名前で呼ばれることがあります。
脚注2：ここでの説明は著者オリジナルなもので、厳密な意味では、一般的な三角ロジックとは異なる部分があるかもしれません。
脚注3：三角ロジックはトゥールミンモデルと呼ばれるロジックとは異なります。

つではない」ということです。つまり「主張」と「根拠」の間には「（隠れた）前提」が複数あることも多いにある、ということです。たとえば、「新型コロナウイルスの感染拡大で日本経済は大打撃を受ける」という主張があり、その理由として「緊急事態宣言が出されるから」という根拠が示された場合、主張と根拠の間には「（隠れた）前提」が複数存在していることが分かります。

三角ロジック＝論証における構造

根拠 ——→ 主張

主張：新型コロナウイルスの感染拡大で日本経済は大打撃を受ける。

↑

隠れた前提（5）

隠れた前提（4）

隠れた前提（3）

隠れた前提（5）：GDPが大幅な減となる。

↑

隠れた前提（4）：関連する多くの業界の収益が減ってしまう。

↑

隠れた前提（3）：外出に伴う消費活動が著しく低下する。

↑

隠れた前提（2）：外食、旅行、娯楽のための外出を控える人が増える。

↑

隠れた前提（1）：不要不急の外出は自粛するように要請される。

↑

根拠：緊急事態宣言が出されるから。

反論（Direct Refutation）❷：考え方

　ここまでは、Direct Refutationをするための予備知識である「論証とは何か」について述べてきました。次に、その予備知識をもとに、Direct

Refutationを実際にどう行うのかについて述べていきます。

　端的に言えば、Direct Refutationは、相手の論証部分、つまり「根拠」と「(隠れた)前提」のいずれか、または両方に対して反論することによって行います。つまり、相手の「根拠」あるいは「(隠れた)前提」が成り立たないことを指摘して、相手の論証が正しくないということを主張するのです。

　先ほどの具体例で言うと、「宿題は自分のやりたい勉強のための時間を奪っている」(根拠)、もしくは「自分のやりたい勉強のための時間が最も重要だ (その時間を奪うものは廃止されるべきだ)」「宿題がなくなれば自分のやりたい勉強ができる」(隠れた前提)のいずれか、またはそれらの両方を否定するということです。

　では、具体的にどのように反論ができるかと言うと、「根拠」に関しては「実際には宿題は時間を奪っていない。時間を奪っているのは、宿題ではなく、ビデオゲームやスマートフォンである」と言ったような反論ができれば、相手の論理を崩すことができます。また「(隠れた)前提」に関しては、「自分のやりたい勉強のための時間を奪うからといっても、宿題が廃止されるべきだとは必ずしも言えない。なぜなら、宿題によって、基礎力が身につき、自分のやりたい勉強の土台ができるからだ (宿題の時間も重要＝完全に廃止すべきものではない)」といった反論や「宿題を廃止したからといっても、自分のやりたい勉強ができるとは限らない。なぜなら、たくさんの時間があると、結局、ビデオゲームやスマートフォンで遊んでしまい、時間を無駄にしてしまうからだ」といったような反論ができれば、これも相手の論理を崩すことになるでしょう。

反論 (Direct Refutation)❸：表現方法

　Direct Refutationのやり方が分かった上で、次はそれを英語でどう表現すればよいかについて述べていきます。ここでは、C-AREAという型を紹介します。

　C-AREAとは、先述のAREA (Assertion / Reason / Example / Assertion) に加え

て、Confirmation（相手の言ったことを確認する・要約する）あるいは、Citation（相手の言ったことを引用する）の「C」を加えたものです（Confirmationの部分をRephraseと呼ぶ考えもあります）。Confirmationをすることによって、どこに対する反論なのかを明確にすることができ、聞き手（ジャッジ）にとって分かりやすい反論となります。

　また、Cの部分については、「根拠」に対する反論と「（隠れた）前提」に対する反論それぞれの表現を少しだけ変えてみると、どこに対する反論なのかをより明確にすることができます。それでは、それぞれの表現を見ていきます。

Direct Refutation の表現例❶ （C-AREA）│ 根拠に対する反論

Confirmation: They said that…, because…（相手の根拠を明示する）.

Assertion: However, this is not true.

Reason: This is because….

Example: For example, ….

Assertion: Therefore, their logic does not stand.

　ここでのポイントは、C（確認・引用）のところで、相手が言った「主張」だけでなく、"because…" と言うことによって、相手の「根拠」を明示することです。そのことによって、「根拠」を否定するということが明確になります。

Direct Refutation の表現例❷ （C-AREA）│ 隠れた前提に対する反論

Confirmation: They said that…because they assume…（相手の隠れた前提を明示する）.

Assertion: However, this is not true.

Reason: This is because…

| Example: For example, ...
| Assertion: Therefore, their logic does not stand.

　ここでのポイントは、「(隠れた)前提」に対する反論の表現として、assume(〜を想定している)を使っている点です。先述のように、「(隠れた)前提」は、言葉では表現されないこともあるので、assumeを使うことで、「相手はこの前提に基づいて主張している」と、言葉で表現されなかった隠れた前提をあぶり出すことができます。そして、それに反論することで相手の立論を崩すことができるわけです。また別の表現としては、名詞のassumption(前提)を使って、they have an assumption that…と言うこともよくあります。他にも「(隠れた)前提」を否定する表現はありますが、ここでは比較的簡単なものを取り上げました。大切なことは、「(隠れた)前提」を明示して、それを否定するということです。

実践

　これまで、理論としてのDirect Refutationについて述べてきましたが、ここで紹介するアクティビティは、まさにそのDirect Refutationを鍛えるためのトレーニングであり、効果的な反論を学び、その型と表現を身につけていくためのものです。いくら反論するための知識を学んだとしても、いきなり英語ディベートの中で効果的な反論を行うことは難しいでしょう。というのも、試合の中では、反論だけでなく立論も同時に行うことが求められることがあり、負担も大きいため、結局うまく反論ができないということが多くあるからです。ここでポイントとなるのは、反論する力を段階的に鍛えていくということです。したがって、まずはDirect Refutationだけに集中し、効果的な反論をじっくり考え、身につける機会を与えることが重要です。以下では、二つのアクティビティ例を紹介します。

| 段階的アクティビティ例❹：Direct Refutationゲーム |

段階的アクティビティ例❺：立論・反論ゲーム

段階的アクティビティ例❹：Direct Refutation ゲーム

　ここで紹介するアクティビティは、Direct Refutation に特化したアクティビティです。先述のように、Direct Refutation はそれを日頃意識していない生徒にとっては学ぶことが少し難しいスキルでもあるので、最初はごく簡単なアクティビティを通して、そのコツを学ばせるとよいと思います。

　それは、教員が一つの簡単な立論（論証）を提示し、その論証に対して反論するものです。具体的には、教員が提示した立論に対して生徒二人のペアがそれぞれ反論を発表し合い、それをお互いに評価し合うことで、効果的な反論とは何かを段階的に学んでいくというものです。また、ここではできるだけ反論（Direct Refutation）に専念するために、立論は主張と根拠の単純な二文（主張一文、根拠一文）にして、Direct Refutation を行う形式にします。実際の議論の中では二文だけで論証が行われることは稀ですが、はじめから三文以上でやると少し複雑になり、きちんと反論できなくなるからです。

　さらに、ここで「（隠れた）前提」を提示しないのは、生徒自身にそれを見つけさせる練習を含むからです。先述のように「（隠れた）前提」は明示されないこともあるので、それを見つける練習は重要です。

段階的アクティビティ例❹｜Direct Refutation ゲーム

▓ **レベル**

初級

▓ **目的**

① 反論（Direct Refutation）の考え方を学ぶ

② 反論（Direct Refutation）の型と表現を身につける

---

1 英語ディベートを実践するための土台作り（基本スキルと段階的アクティビティ）

③どのような反論が効果的なのかを経験的に学ぶ

■方法
① 反論（Direct Refutation）の型と表現を学ぶ
理論編のところで述べたように、Direct Refutation の考え方や表現を学びます。

ポイント ‥‥‥なぜこの段階を踏む必要があるかというと、この段階を踏まないと、ただ闇雲に反論をしてしまうからです。特に最初のうちは Indirect Refutation ばかりしてしまう可能性があるので、Direct Refutation とは何か、またそれをどう表現するかを確認するとよいかと思います。

② 簡単な立論を提示する
次に、教員が「主張と根拠」の二文で構成された文を提示します。たとえば、「タバコの喫煙を禁止すべきだ。なぜなら、タバコは身体に害があるからだ」のような簡単な文です。

ポイント ‥‥‥なぜ「主張と理由」の二文かというと、先述のように、あまりに長い文だと、Direct Refutation を身につけるのが難しいからです。また「（隠れた）前提」をあえて隠すことで、「（隠れた）前提」を考えるきっかけとなります。

③ 反論を考える準備時間
上記の立論に対して、どんな反論ができるかを考える時間を与えます。

④ ペアやグループ作成・反論の発表
二人一組あるいは三人一組になって、お互いの反論を英語で発表します。

⑤ お互いの反論の評価

それぞれの反論を言い終えたら、お互いがジャッジ目線になって、それぞれの反論が効果的だったかどうかを話し合います。

⑥ 反論の準備時間・再スピーチ

反論を聞いたパートナーからのアドバイスをもとに、自身の反論の内容と表現をもう一度考え直し、再びスピーチします。

ポイント ……… この段階を踏むのは、立論編の「繰り返しスピーキング」で述べたように、同じ内容で繰り返し、スピーキングを行うことで、その型と表現を「身につける」ことができるからです。

⑦ 別の立論を提示する

時間があれば、上記の一通りの流れが終わった後に、次のトピック（立論）を提示し、繰り返しこのトレーニングを行います。そうすることで、さまざまなトピックに対しても、対応できるようになります。

■具体例

教員（主張と根拠が書かれた二文を提示）

We should ban homework, because students cannot spend their time on what they want to study due to homework.

（宿題を廃止すべきです。なぜなら、生徒たちは宿題のせいで自分が勉強したいと思っている事のために時間を割けないからです。）

生徒A：「根拠」に対する反論例

They said that we should ban homework, because students cannot spend their time on what they want to study due to homework. However, this is not true. This is because it is not homework that is taking away the students' time. For example, students always play video games, and use smartphones for a long time. These things take away a lot of their time. In other words, due to video games and smartphones, they cannot spend their time on what they want to study. Therefore, their logic does not stand.

（宿題のせいで生徒は自分が勉強したいと思っている事のために時間を割けないので、宿題を廃止すべきだ、と彼らは主張しています。しかし、それ［その根拠］は間違っています。なぜなら、生徒の時間を奪っているのは、宿題ではないからです。たとえば、生徒はビデオゲームでずっと遊んでいたり、スマートフォンをずっと使っていたりしており、それが多くの時間を奪っているのです。言い換えれば、ビデオゲームやスマートフォンのせいで、生徒は自分が勉強したいと思っている事のために時間が割けないのです。ゆえに、彼らの論理は成り立っていません。）

ポイント ⋯⋯⋯ディベートでは、ジャッジである第三者に向かって主張することから、反論する相手のことを通常「彼ら（they）」と呼びます。

生徒B：「（隠れた）前提」に対する反論例

They said that we should ban homework, because they assume that if there is no homework, students will be able to study what they want to do. However, this is not true. This is because if there is a lot of time, students will just waste it. For example, if students don't have to do homework, they will just play video games and use smartphones all day long. Therefore, their logic does not stand.

（宿題がなければ生徒はやりたい勉強ができるようになるという前提に基づいて、彼らは宿題を廃止すべきだと主張しています。しかし、それ［その前提］は間違っています。なぜなら、たくさんの時間があると、生徒は時間を無駄にしてしまうからです。たとえば、宿題をする必要がないと、生徒は一日中、ビデオゲームをしたり、スマートフォンを触っていたりするでしょう。ゆえに、彼らの論理は成り立っていません。）

■応用

① 立論のレベルを変える

反論をすることに慣れていない段階では、上記のような最小単位の「主張と根拠」の方がよいと思いますが、これでは物足りないとなってきた場合には、単純な主張と根拠だけで構成されたものではない立論や、より難しい文を用いてもよいでしょう。たとえば、教科書にある意見文も使えますし、新聞の社説もはっきりした主張ですので、そうしたものを用いてトレーニングしてみるとよいでしょう。

また、アメリカの大学院留学のための試験であるGREやMBA留学のための試験であるGMATには、ある特定の主張が書かれた長文の内容に対して反論を述べることが求められるライティング（Analytical Writing Assessment）の課題もあります。どちらも大学院留学向けのものなので、少し難しいかもしれませんが、同じような形式で、特定の主張が書かれた英文の内容に対して反論を考えることは、反論力を身につけるためのよいトレーニングになります。

② 立論を見てから反論するまでの時間を変える

反論は慣れていないとすぐに思いつくものではないので、最初は時間をたっぷり取って反論を考えさせるのがよいと思います。徐々に慣れていったら、試合と同じく立論を聞いてすぐに反論をさせるトレーニングをするとよいでしょう。

③ リスニングした内容に対して反論する

ここまでに紹介したアクティビティでは、書かれた英文を読んでの反論でしたが、リスニング力を上げる目的であれば、聞いた英文に対して反論するというやり方もできます。やはり、英文を読んで反論するよりも、英文を聞いて反論する方が難しい部分があるので、発展的なトレーニングとして行うことができます。

■ 競技・部活での活用

この練習は競技英語ディベートにおいても非常に重要です。努力しなくても直感的にDirect Refutationができる生徒もいなくはないのですが、なかなか出来ない生徒が多いのが現状だと思います。実際、大会でも、反論がIndirect Refutationになっており、議論が平行線になっている場面を多く見かけます。ですので、Direct Refutationの概念を早いうちに身につけることで、より英語ディベートを楽しめると思うので、このようなアクティビティをぜひご活用ください。

段階的アクティビティ例❺：立論・反論ゲーム

　次の段階は、より実践的に反論を学び、その型と表現を身につけるためのアクティビティです。ディベートの試合においては、立論が二文だけで述べられることはほぼなく、より複雑な形で提示されます。そこで、試合のような形で提示された立論に対して、反論することが次の目標です。ここで紹介する練習はまさにそのためのトレーニングであり、二人一組になった生徒同士がそれぞれの立論を提示し、それに対して互いに反論を行うというものです。

段階的アクティビティ例❺：立論・反論ゲーム

■ レベル

中級

■ 目的

① 反論の考え方を学ぶ

② 反論の型と表現を身につける

③ より実践の形に近い立論に対して反論できるようにする

■方法

① 論題を提示する

教員が立論するための論題を提示します。たとえば、「タバコの喫煙を禁止すべきだ」のような簡単なものでかいません。この論題に対して、生徒には、肯定・否定のいずれかの立場の立論を自由に考えさせます。

② 立論の準備

上記の論題に対して、どんな立論ができるかを考える時間を与えます。

③ ペアを作る

二人一組のペアを作ります。その後、立論をどちらが先に言うかを決めてもらいます。

④ 立論の提示

先行の生徒が立論を述べます。もう一方の生徒は、その立論に対して反論できるように準備をします。

⑤ 反論の準備

立論を聞いた生徒は、その立論に対する反論の準備を行います。

⑥ 反論の提示

反論の準備を終えた生徒は、反論を述べます。

⑦ 反論に対する評価

その反論に対して、効果的であったかどうかをお互いに話し合います。
補足：三人一組のグループにして、ジャッジ役の第三者が判定してもよいでしょう。

⑧ 立論と反論の役割の交代

立論と反論の役割を交代して④に戻ります。そうすることでお互いが立論・反論の練習を行います。

■応用
① 論題のレベルを変える

論題の難易度が高いと、立論の段階でよい立論が組み立てられない（反論する練習にならない）ので、はじめは簡単に立論できるものにするとよいと思います。慣れてきたら、難しい論題にチャレンジするのもよいでしょう。

② 立論を聞いてから反論するまでの時間を変える

反論は慣れていないとすぐに思いつくものではないので、最初は時間をたっぷり取って反論を考えさせるのがよいと思います。徐々に慣れてきたら、試合と同じく立論を聞いてすぐに反論をさせるトレーニングをするとよいでしょう。

■競技・部活動での活用

このアクティビティは二人いればできる活動なので、練習で人数が集まらず、試合形式の練習が出来ない時に利用できます。

また、反論の理論が分かっていても、実際の試合で効果的な反論ができない時にも効果的です。実践に近い形で、反論に特化して練習ができるので、反論が苦手な生徒におすすめです。このアクティビティは、先述の段階的アクティビティ④のような「簡単な反論の練習」と、「実際の試合」とのちょうど中間となるレベルのトレーニングになるでしょう。

補足：Direct Refutation と的確な Question との関係

　反論に関するレクチャーをすると、「日常生活の中で反論する機会はあまりないのでは？」「ディベートのように反論すると人間関係で揉めるので

はないか？」といった類の質問を多く受けます。確かに日常生活の中では、ディベートの試合の中でのように明示的に反論することはあまりないかもしれません。しかし、反論、とくにDirect Refutationの考え方ができるということは、第1章3で述べたクリティカル・シンキング（批判的思考）に必要な「よい質問（Question）」をする上で重要なことなのです。何故かと言うと、Direct Refutationの考え方に基づくQuestionは、相手の主張を鵜呑みにせず、それが妥当であるかどうかについて考えるきっかけを与えるものだからです。

　たとえば、ある人が「〇〇〇である。なぜなら△△△」だからと述べた場合、「本当に△△△といえますか？その実際のデータはありますか？」と質問したり、「△△△から〇〇〇と言うためには□□□という前提があると思いますが、その前提は本当に正しいといえますか？」と質問したりすることがありますが、前者の質問は「根拠」に対する質問であり、後者の質問は「（隠れた）前提」に対する質問であるといえます。そして、これらの質問に、もし発言者が答えられないとしたら、その主張を受け入れることを一度留保した方がよいということになるでしょう。つまり、Direct Refutationの考え方ができるということは、他者の考えを分析するための的確なQuestionができるということです。そうした意味で、やはりDirect Refutationのトレーニングをすることは大切であり、より複雑な議論を通して反論を学ぶ英語ディベートはクリティカル・シンキングを鍛えるよい訓練になるといえるのです。

発展：Indirect Refutation

　ここでは、発展編として、もう一つの反論であるIndirect Refutationについてご説明します。実際の英語ディベートの中では、必ずしもDirect Refutationだけでの反論で終わるわけではないので、Indirect Refutationについて学ぶことも重要です。また、英語ディベートの試合の中でも、Indirect Refutationは使い方によっては、効果的な反論となる場合もあり

ます。

　先述のように、Indirect Refutationとは「異論」(野矢, 2005) や「主張型反論」(香西, 1996) と呼ばれるものに近い概念で、相手の論証部分を否定せずに (譲歩して)、異なる論証を用いて相手の主張に反論することです。相手の論証に直接的に反論しないことから、Indirectという名前が用いられています。

　香西 (1996) は、授業では「主張型反論」ではなく「論証型反論」を中心に訓練すべきだと述べていますが、Indirect Refutation は実際のディベートにおいて、使い方によっては効果的な反論のスキルにもなるものなので、ここではどうやってIndirect Refutationを行うかについて述べていきます。

　実は、競技ディベートにおいては、Indirect Refutation はさまざまな形で実践されるのですが、ここではConcession (譲歩) というものを紹介します。それは、相手の論証に一旦は譲歩して (例:「たとえ〜だとしても…」という形で)、相手の主張が重要ではないことを示すものです。

　より具体的に説明するために、「ロボット犬の方が動物の犬よりペットとしてよい。なぜなら、ロボット犬の方が飼うのが楽だからだ」という立論の例を使って説明します。

　Concession (譲歩) とは相手の論証を認めていることなので、相手の「ロボット犬の方が飼うのが楽だ」という論証をまず認めてしまいます。そのあとに「飼うことが楽だということは、ペットとしての良し悪しを判断する上で重要ではない。なぜなら、飼うことが大変である方が、むしろ愛情が湧き、ペットに対する愛情が高まるからだ」と主張するのがConcession です。つまり、「相手の論証が正しかったとしても、重要ではない」というふうに反論するのです。

相手の主張：「ロボット犬の方が飼うのが楽だ」

↑

Indirect Refutation「ロボット犬の方が飼うことは楽かもしれないが、それはどちらのペットがよいのかを決める上で、重要ではない。なぜなら、飼うことが大変である方が、むしろ愛情が湧き、ペットに対する愛情が高まるからだ」

そして、この Indirect Refutation を英語で表現するためには、以下の表現方法が役に立ちます。ここでのポイントは、最初に Even if…と言って、いったんは相手の主張に譲歩してしまうということです。そのうえで、相手の議論がいかに重要でないかを説明していきます。

Indirect Refutation の表現例

Assertion: Even if their logic is correct, their argument is not important.

Reason: This is because …

Example: For example, …

Assertion: Therefore, their argument is not important.

［参考：生徒スピーチサンプル：否定側立論（＋反論）］

　ここに掲載するのは否定側立論（＋反論）の生徒スピーチサンプルです。このスピーチは、「立論」のところに記載された「肯定側立論」に対する否定側の主張になっていますので、肯定側立論のスピーチサンプル（p.56）をまだご覧になっていない方は、まずそちらを先にご覧になってください。

　このスピーチサンプルと肯定側立論のスピーチサンプルとの違いは、こちらには「反論」があることです。これまで学んできた「反論」、特に Direct

Refutationをスピーチの中に盛り込んだので、ぜひ参考にしてみてください。また、このスピーチも肯定側のものと同じく、スタイルで言うと、PDAスタイルに基づいていて（第2章2「即興型英語ディベート」を参照）、3分程度のスピーチになるように作られています。

　これもあくまでも参考例です。また、肯定側立論の時と同じ様に、競技英語ディベートで使用されるさまざまな表現を知ってほしいということで、レベルを少し高めにしている部分もあります。

　そして、この両スピーチを見て、肯定側立論・否定側立論のどちらがより説得的だったかをぜひ考えてみてください。評価する際は、この章の補足である「判定（Judging）3. 立論の評価方法」が参考になると思います。さらに、実際の英語ディベートの試合では、この否定側のスピーチの後に肯定側の二人目がスピーチをします。この二人目のスピーカーになったつもりで、この否定側立論にどのような反論ができるかもぜひ考えてみて下さい。

スピーチ原稿	解説
Hello, everyone. We believe we should not ban homework. I'll talk about two things: refutation and argumentation.	〈導入〉 挨拶／論題とともに、最初に何について話すかを示すと、聞き手にとって分かりやすいものになります。
First of all, let me refute what they have said. Two responses. Firstly, they said that homework has a negative effect on students' academic ability because the amount of homework is too large for students to finish and because of this, they lack sleep. However, this is not true, because many schools recently have decreased the amount. For example, my school gives students homework only during long vacations. Thus, their logic does not stand.	〈反論〉 二つの反論（Direct Refutation）が行われています。 一つ目の反論は「根拠」に対するもので、二つ目の反論は「（隠れた）前提」に対するものです。 また、それぞれの反論を説明する上で、反論の型である「C-AREA」が共に利用されています。

Secondly, they said that banning homework can improve students' academic ability, because they assume that students can use their free time effectively. However, this is also not true. This is because students may waste their time and will not study at all. For example, students may become addicted to video games and smartphones, which prevents them from studying effectively. Thus, again their logic does not stand.

Now, I will move on to our point. Our point is the decrease in academic ability.

In the present situation, homework enhances their academic ability, because students can review their classroom learning. Teachers give their students homework in order to check whether students understood the things they have learned in class, and if not, doing homework can be an opportunity for students to master them. Especially, homework functions effectively for students from families without enough money for cram schools. So, homework itself is a precious opportunity to brush up on what they have learned in class, which can contribute to improving their academic ability.

This is very important, because as the opponent side has already mentioned, academic ability is a critical factor for students' future choices.

〈立論（前半）〉

立論の前半は、「立論の型❹：Problem Solving Format」の中の「現状」が説明されています。つまり、「現状（宿題が廃止されていない世界）は、どう良いのか（問題がないのか）」が示されています。

また、その「現状」を詳しく説明するために、「立論の型❸：True × Important」も利用されています。

True については、In the present situation, homework enhances their academic ability, because students can review their classroom learning. という論点に対して、具体的な説明をすることで、信憑性が高いことを示そうとしています。

Important については、This is very important と説明することで、この論点の重要性が高いことを示そうとしています。

さらに、各説明には「立論の型❶：AREA」と「立論の型❷：NLC」が利用されています。

AREA について言うと、In the present situation, homework enhances their academic ability,... という Assertion に対して、その理由（Reason）とその具体的な説明（Explanation）が提示され、最後に、which can contribute to improving their academic ability. と再主張（Assertion）が述べられています。

（＊補足：この例のように、AREA の E は Example というよりも Explanation に近いものになる場合もあります。）

However, if we ban homework, students will lose an important opportunity to review what they have learned in class. In other words, without homework, students cannot build a solid foundation for their learning. This will lead to a decrease in their academic ability.

We believe this is very serious. Why? Two reasons. Firstly, this would decrease students' academic ability, which would narrow their future choices. Especially, this would be a serious problem for students from poor families, who do not have other places and chances to learn, except at school and through homework.

The second reason is that the opponent side cannot achieve their goal, i.e., to increase academic ability, through banning homework.

Thus, banning homework is not only extremely harmful, but also absolutely meaningless.

〈立論（後半）〉

立論の後半では、「立論の型❹：Problem Solving Format」の中の「政策の影響」「深刻性」が話されています。つまり、「政策がある世界（宿題が廃止された世界）では、どのような問題が生じ、またそれがなぜ深刻なのか」が示されています。

また、その「政策の影響」「深刻性」を詳しく説明するために、「立論の型❸：True × Important」も利用されています。

True については、However, if we ban homework, students will lose an important opportunity to review what they have learned in class. という論点に対して、理由づけをすることで、信憑性が高いことを示そうとしています。

（＊補足：他の詳細な理由を加えて、信憑性をより高めることもできますが、今回は立論の前半で「宿題がいかに学力によい影響を及ぼしているか」の理由を詳しく説明しているので、それを廃止すれば、問題が生じるというシンプルな形になっています。）

Important については、「We believe this is very serious.」と示すことで、この論点の重要性が高いことを示そうとしています。

立論（前半）と同じように、各説明には「立論の型❶：AREA」と「立論の型❷：NLC」が利用されています。

特に NLC については、「Why? Two reasons.」と述べることで、明示的に複数の理由があることを示しています。

Therefore, for all these reasons, we strongly believe that we should not ban homework.

〈結論〉

日本語訳：

みなさん、こんにちは。私たちは「宿題を廃止するべきではない」と考えています。ここでは二つのことについて話します。反論と立論です。

最初に、相手側の発言に反論します。二つの反論があります。

まず、彼らは「宿題は生徒の学力に悪影響を及ぼす。なぜなら宿題の量が多すぎて生徒が終わらせることができず、そのために睡眠不足となっているからだ」と述べました。しかし、これは事実ではありません。なぜなら、最近では、量を減らしている学校が多いからです。例えば、私の学校では、長期休暇の時だけしか宿題が出されていません。したがって、彼らの論理は成り立ちません。

第二に、彼らは「宿題を廃止することで生徒の学力が向上する」と述べました。なぜなら、これは「生徒が自由時間を効果的に使える」ということを前提にしているからです。しかし、これ（この前提）は真実ではありません。なぜなら、生徒たちは時間を無駄にしてしまい、まったく勉強しなくなるかもしれないからです。たとえば、テレビゲームやスマートフォンにハマってしまい、生徒は勉強を効果的にできなくなってしまうかもしれません。したがって、彼らの論理は成り立ちません。

それでは、私たちのポイント（立論）に移ります。我々のポイント（立論）は「学力の低下」です。

現状では、宿題は、生徒たちの学力を高めています。なぜなら、生徒は授業で習ったことを復習できるからです。先生は、授業で学んだことを生徒たちが理解しているかどうかを確認するために宿題を出しており、理解できていない場合は、宿題を行うことが内容を習得する機会

となります。特に、塾に通うお金のない家庭の生徒にとっては、宿題は効果的に機能しています。つまり、宿題自体が授業で習ったことをブラッシュアップする貴重な機会となり、学力向上に貢献しているのです。

このこと（宿題が学力向上につながること）は非常に重要なことです。なぜなら、相手側がすでに述べているように、学力は生徒の将来の選択を左右する重要な要素だからです。

しかし、もし宿題を廃止すれば、生徒たちは授業で学んだことを復習する大切な機会を失うことになります。言いかえれば、宿題がなければ、生徒たちは学習の基礎をしっかりと築くことができなくなってしまうでしょう。その結果、学力の低下を招くことになるのです。

我々は、このことは深刻なことであると考えます。なぜでしょう？　理由は二つあります。第一の理由は、宿題廃止が生徒の学力低下につながり、将来の選択の幅を狭めることになるからです。特に、学校や宿題以外に学ぶ場所や機会がない貧困層の生徒にとっては深刻な問題となるでしょう。第二の理由は、相手側の目的である「学力向上」が、宿題廃止では達成できないからです。したがって、宿題廃止は、きわめて有害であるばかりでなく、まったく無意味なものなのです。

したがって、これらの理由から、私たちは「宿題を廃止すべきでない」と強く考えます。

STEP 3：まとめ・比較 （お互いの考えをまとめる・比較する）

概要

　最後のステップは、お互いの考えをまとめ、比較することです。立論と反論だけでも議論は十分深まるのですが、それだけでは、どちらの方がより説得的だったかが分からないことがあります。そこで、そうした議論をまとめ（Summary）、さらに比較（Comparison）するためのスキルが英語ディベートには求められます。ちなみにこのスキルは、ディベートの試合の中でSummary SpeakerあるいはReply Speakerと呼ばれる最後のスピーカーには、とくに求められるものです。なぜなら、最後のスピーカーは、新しい主張を述べるのではなく、それまでの議論をまとめて比較することが主な仕事だからです。また、このSummaryとComparisonというスキルは、選手だけでなくジャッジにとっても大切なスキルであるといえます。なぜなら、英語ディベートのジャッジは、勝敗をただ決めるだけでなく、選手に対して勝敗の理由を述べることが求められ、その際に、議論をまとめ、比較（評価）することが必要になってくるからです。

　そこでここでは、理論としてSummaryとComparisonのスキルを紹介し、さらに、これらのスキルを学んで身につけるアクティビティを紹介します。また、補足としてジャッジの仕事である判定（Judging）についても最後に触れます。

理論まとめ（Summary）：考え方

　まとめ（Summary）は、文字通りそれまでの議論をまとめることですが、ただ議論をまとめるだけでなく、それまで交わされてきた議論の中で自分たちの立論がより優れたものであることを示していくことが求められます。その際には、以下の二つの観点を意識して行うと上手にまとめることができます。

観点1：相手の立論がいかに成り立っていないか
観点2：自分たちの立論がいかによく成り立っているか

　この二つの観点をもとに、これまでの立論と反論（再反論）をまとめてい
くと、きちんと整理された形になります。先述のように、Summaryは肯定
側・否定側双方の最後のスピーカーが主に行うものですが、それまでの
議論では立論だけでなく、その立論に対する反論、さらには、反論に対
する反論（再反論）も行われています。最後のスピーカーはそうした議論を
まとめながら、自分たちの立論がより優れていることを示して全体をまとめ
ます。

　ただここで重要な点は、すべての議論を完全にまとめようとしない、と
いうことです。最後のスピーカーは限られた時間の中で議論をまとめるこ
とが求められるので、すべての議論をまとめようとすると時間がなくなって
しまうからです。どの部分を強調すれば第三者であるジャッジをよく説得
できるのか、それを念頭に置いてまとめていくことが重要なのです。

比較（Comparison）❶：考え方

　ただ議論をまとめるだけでは、どちらの立論が優れているのかが分か
らないということになる可能性があります。そこで重要になるのが「比較」
（Comparison）というスキルです。「比較」とは、たとえ相手の立論が成り立っ
ていたとしても、自分たちの立論の方が優れていることを相手の立論との
比較によって示すことです。ディベートは、肯定・否定双方の立論の優劣
を競う競技であり、比較はまさにディベートにおける核となるスキルです。

　では実際に、「比較」（Comparison）をどのように行うのかを見ていきます。
「比較」とは、文字通り両者の立論を比較することですが、比較する上
で重要なのは、明確な「基準（Criterion）」を置くということです。そしてその
「基準（Criterion）」をもとに比較した場合に、自分たちの立論の方が優れ
ているということを示すのです。

この考え方を理解するために、「政策課題として、経済問題と環境問題のどちらを優先して解決すべきか」という具体例を取り上げます。もし「経済問題」の方を重視するのであれば、たとえば、「経済問題を優先して解決すべきである。なぜなら、貧困層の人たちが今まさに苦しんでいるからだ」と言えるでしょう。この場合の「基準 (Criterion)」は「緊急性 (Emergency)」になるでしょう。一方、「環境問題」の方を重視するのであれば、例えば、「環境問題を優先して解決すべきである。なぜなら、一度環境が破壊されてしまうと修復することが難しく、長期的な被害をもたらすことになる」と言えるでしょう。この場合の「基準 (Criterion)」は「期間 (Long Term)」になります。

　これはあくまでも単純化した一例ですが、何かを比較する際、このように明確な「基準 (Criterion)」を用いると、説得的な比較をすることができます。自分たちの立論の方が相手の立論より優れていることを示す上で、比較は重要なスキルとなりますので、比較をする際には、この「基準 (Criterion)」を忘れないことが大切です。

　比較の「基準 (Criterion)」となるものは多くありますが、ここではディベートでよく使われる基準の一部を紹介します。

基準 (Criterion) 例

> 数 (Quantity)：どちらの方がより数が多いか？
>
> 質 (Quality)：どちらの方がより深刻か？
>
> 可能性 (Probability)：どちらの方が生じやすいか？
>
> 対象 (Target)：どちらの対象の方が重要な存在か？
>
> 期間 (Long Term)：どちらの方が長く影響するか？
>
> 規模 (Scale / Magnitude)：どちらの規模の方が大きいか？
>
> 緊急性 (Emergency)：どちらの方がより喫緊の問題か？

比較 (Comparison) ❷：表現方法

　Comparisonを表現する際のポイントは、どの基準における比較なのか
を明示することです。そうすることで、何を基準とした比較なのかが明確
になり、第三者を説得しやすくなります。Comparisonを表現する方法は
いろいろとあるのですが、その中から簡単な型を一つ紹介します。

比較 (Comparison) の表現例

Assertion: Our argument is superior to their argument in terms of A（A
の観点において）.
Reason: This is because...
Example: For example, ...
Assertion: Therefore, in terms of A, our argument is superior to their
argumentation.

ポイント ········in terms of（Aの観点において）という表現を使うことで「基準
　　　　　（Criterion）」を明確にすることにより、何の比較をしているのか
　　　　　をより分かりやすいようにします。

実践

　次は、お互いの考えをまとめ（Summary）・比較（Comparison）するスキルを
学ぶアクティビティについてです。このスキルに関しては、肯定と否定が
分かれる実際の英語ディベートの中で学べるものですが、他のさまざまな
活動を通してもそれぞれのスキルを鍛えることができます。たとえばまとめ
（Summary）に関しては、英語ディベートという形を取らなくても、教科書の
内容を英語でまとめる、あるいは、リスニングで聞いた内容を英語でまと
めるなど、通常の英語学習で行っているものでも十分身につけることが
できるでしょう。比較（Comparison）に関しては、先述の「経済問題と環境

問題」のように、比較することが求められるトピックを用いて英語ディスカッションなどをやってもよいかもしれません。

　さらに、ここでは、英語ディベートにより近づけるために、議論内容をまとめ、比較するためのアクティビティ例を紹介します。

段階的アクティビティ例❻：比較ゲーム

　このアクティビティは、議論内容を「比較する」スキルに特化したものです。「まとめる」ことについては、私たちは日頃からさまざまなところでやっていますが、「比較する」こと、特に立論的な比較をすることについては、意識しないとなかなかやっていないのではないかと思います。したがって、「比較する」ことに焦点を当てて、その考え方とその表現を学ぶためのアクティビティが重要です。ここで紹介するアクティビティは、まさに「比較する」ことに焦点を当てたものになります。

段階的アクティビティ例❻：比較ゲーム

■レベル
中級

■目的
① 比較の考え方を学ぶ
② 比較の型と表現を身につける
③ 即興で比較できるようにする

■方法
① 三人グループの作成
三人一組になって「肯定側立論」「否定側立論」「比較」をする担当を決めます。

---

② 論題の提示・立論の準備

教員が論題を提示します。「肯定側立論」「否定側立論」担当の生徒は、それぞれの立場に応じた立論を考えます。「比較」担当の生徒については、準備時間を利用して比較の方法を指導するとよいでしょう。

③ 肯定側立論・否定側立論の提示

立論担当の生徒が肯定側立論、否定側立論をそれぞれ英語で述べていきます。「比較」担当の生徒は、中立的な立場でそれぞれの立論を聞き、最後に比較ができるように準備をします。

④ 比較の準備

「比較」担当の生徒は、両者の立論を聞いたあと、比較の準備を行います。その際、比較するための基準は担当の生徒に決めさせるようにします。

⑤ 比較の提示

「比較」担当の生徒は、どちらの立論が優れていたかを、比較の型（基準の明確化）をもとに英語で説明します。

⑥ 役割の交代

それぞれの役割を交代します。三セットやることで、一人の生徒がすべての役割を経験することができます。

▣ 応用
① 肯定か否定かの立場を固定する

このアクティビティでは、何を基準に比較するかは、中立的な立場である「比較」担当の生徒に決めさせると述べました。しかし実際の試合の中でSummary Speaker は、中立的な立場ではなく、必ず肯定か否定いずれかの立場で比較をしなくてはなりません。そこで、このアクティビティでも、

「比較」担当者も肯定側か否定側かを決めてもよいかもしれません。こうすることで、この活動の難易度を上げることができます。なぜなら、自分と同じ立場の生徒がよい立論をするとは限らないからです。そうした中でも、うまく比較できて自分と同じ立場の立論を上手に説明できるようになれば、とてもよいトレーニングになります。

② 論題のレベルを変える

反論の段階的アクティビティ例❹と同じように、論題のレベルが難しいと立論の段階でよい立論が組み立てられない（比較する練習にならない）ので、簡単に立論できるものにしましょう。慣れてきたら、難しい論題を扱うとよいでしょう。

③ 立論を聞いてから比較するまでの時間を変える

比較は慣れていないとすぐにできるものではないので、最初は時間をたっぷり取って比較を考えさせるのがよいと思います。徐々に慣れてきたら、試合と同じく、立論を聞いてすぐに比較をさせるトレーニングをするとよいでしょう。

▓ 競技・部活動での活用

このアクティビティも部活動で活用できます。特に、Summary Speakerの練習に役立ちます。活用方法としては、このアクティビティのように、誰かが立論してから「比較」をする方法もありますが、下記のように、より簡単に「比較」する方法もあります。具体的には、ある条件のもとで二つの対象を提示し、そのどちらを選ぶべきかの説明を英語で上手に行えるように訓練します。例えば、国が助成金を与えようとした際に（条件）、その助成金を「貧困層」（対象1）に与えるべきか、あるいは、「富裕層」（対象2）に与えるべきかを、どちらの立場でも英語で説明できるように練習します。

補足：判定（Judging）

　最後に、補足として、判定（Judging）について述べていきます。これまでこの節では、選手であるディベーターに関するスキルを中心に述べてきましたが、判定（Judging）のスキルもディベートにおいては重要なものなので詳しく見ていきます。

　すでに述べたように、ディベートは第三者を説得する競技であることから、選手（ディベーター）と同時に、ジャッジという存在が非常に重要になってきます。ジャッジは、肯定側と否定側それぞれの議論内容（立論・反論・再反論・比較の内容）をよく聞き、それを検討して、どちらの側がより説得的であったかを判定し、勝敗の結果とその理由を選手に伝えます。

　そして、この判定（Judging）も、ディベートの試合をする上で非常に重要なスキルといえます。なぜなら、判定も主観的に行うのではなく、客観的かつ論理的に議論を評価し、選手であるディベーターに勝敗の理由を説明することが求められるからです。つまり、ジャッジも選手を説得しなければならないのです。

　授業で英語ディベートをする際は、生徒が判定を行うことも多々あると思うので、生徒に対して、どのように判定すればよいのかを指導することは非常に重要です。判定（Judging）のスキルや考え方をよく学んでいないと、ジャッジからのコメントが選手にとっての学びにならない可能性があるからです。

　そこでここでは、「1. ジャッジをする時の心構え」、「2. ジャッジの具体的な仕事」、「3. 立論の評価方法」、「4. 勝敗の判定方法」、「5. 各スピーカーの評価の仕方」について述べていきます。

1. ジャッジをする時の心構え

❶偏見や先入観で判断しない

　当然のことながら、ジャッジをする時は、偏見や先入観を持たずに判定を行うことが重要です。つまり、ある論題に対して、賛成あるいは反対

の意見をジャッジ自身がもともと持っていたとしても、ジャッジはどちらがより論理的かつ説得的だったかを、あくまでも議論の内容そのもので判定しなければならないということです。また、競技者であるディベーターに対する個人的な好き嫌いや、日頃の人間関係で評価をしてはならないということも当然のことです。

　ディベートにおいては、あくまでもディベーターが話した内容で判定を下すということが基本にあるので、ジャッジの考えや好みが判定に影響しないようにしなければなりません。ディベーターが行った議論に勝手に介入しないことが大切です。

❷ よかった点と改善すべき点をバランスよくアドバイスする

　特に授業ディベートにおいて試合後にジャッジがアドバイスをする際には、何がダメだったのかを述べるだけでなく、各ディベーターのよかったところを見つけて、褒めてあげることも大切です。なぜなら、授業でディベートを行う生徒はそもそもディベートにあまり慣れておらず、否定的なコメントばかりでは、やる気を失ってしまうかもしれないからです。ただし、ただ褒めるだけでは、成長につながらないので、建設的にどこを修正すればよいかも同時に指摘してあげると、より学びの多いディベートになると思います。つまり、よかった点・改善すべき点をバランスよく伝えることが大切なのです。

❸ 自信を持つ

　ジャッジをすることに慣れていないと、ついつい自信のないフィードバック（試合内容や勝敗の理由などについてコメントすること）をしてしまうことがあります。また、自信がないという理由で、そもそもフィードバックをすることさえも避けてしまうことがあるかもしれません。しかしディベートにおいては、第三者の視点が非常に重要であり、フィードバックはディベーターが成長するよい機会となりますので、自信を持ってジャッジをすることが大切で

す。

---

2. ジャッジの具体的な仕事

　ジャッジの仕事を「試合前」「試合中」「試合後」の順に説明します。

❶試合前

　試合前は、ディベーターと同じくジャッジも論題について考えます。どのような議論になる可能性があるかを事前に考えておけば、試合時の議論を理解しやすくなりますし、フィードバックをする際にも内容の充実した話ができます。

　特に、授業で即興型英語ディベートを行う際、生徒にジャッジをさせる場合は、試合前の準備の時間を有効に活用するとよいでしょう。たとえば、ディベーターと同様に、この時間を使って、肯定・否定でどんな立論が可能かを皆で一緒に考えてみると、試合での議論をより深く理解できますし、試合後のフィードバックがしやすくなります。また、この準備時間を使って、教員が生徒にジャッジをするコツや注意事項などを伝えれば、よいジャッジングができるでしょう。

❷試合中

　試合中、ジャッジはディベーターの議論をメモします。最初はメモをすること自体も大変かもしれませんが、コツさえつかめばできるようになります。たとえば、試合の中で話されたことをすべてメモすることは大変なので、大事なポイントを中心にメモしたり、また略語（例：HoweverをH／Vとする、importantを◎とするなど）を使ったりすることもよい方法です。

　こうした技術は、試験のリスニング問題を解く際にも非常に役立つスキルとなるので、ジャッジをすること自体がリスニングのよいトレーニングとなります。

❸ 試合後

　試合が終わったら、ジャッジはディベーターに対してフィードバックを行います。フィードバックでは、どちらが勝者なのか、またその勝敗の理由を簡潔に説明します。さらに、可能であれば、両チーム、あるいは、各ディベーターにアドバイスをすると、選手にとって学びの多い試合になると思います。

　慣れるまでは難しい部分もありますが、ジャッジ自身にとって、判定およびアドバイスを的確に行うことは、他者に対して論理的に説明するよい訓練となるのでぜひトライしてみるとよいと思います。また、日本語によるフィードバックか、英語によるフィードバックかは、目的あるいはレベルに応じて選択するのがよいでしょう。

3. 立論の評価方法

　ここでは、ジャッジとして立論の良し悪しを評価するための方法について述べていきます。競技英語ディベートにおいては、立論の評価に関して詳細にさまざまな考え方があるのですが、授業英語ディベートにおいては、少なくとも以下の三つの観点を頭に入れておけば、適切な評価をすることができるでしょう。その観点とは、❶明確な根拠、❷具体性、❸関連性の三つです。それぞれについて見ていきます。

❶ 明確な根拠：明確な根拠が示されているか？

　まず、評価において大事な基準となるのは「根拠」です。主張にしっかりとした根拠があるかどうかがその良し悪しを評価する際にとても重要です。ディベートにおいては、第三者を説得することが求められるので、主張に対する根拠が明確でなければ、優れた説得力を持てないことになってしまいます。

　したがって、ジャッジとして、それぞれの主張において、明確な根拠があるかどうかを見ることは非常に重要なのです。この点を理解する上で

参考になる例を下に挙げました。下の例でいうと、肯定側の主張は、やはり否定側の主張に比べると、根拠が明確ではない感じがします。ですので、この場合は、否定側の立論の方が優れているといえるでしょう。

具体例（観点❶明確な根拠）宿題を廃止すべきか？

肯定側	否定側
宿題はなくすべきだ。宿題はよくない。	宿題はなくすべきでない。なぜなら、宿題のおかげで、基本的な知識を確認することができ、そのことによって発展問題などさまざまな問題も解けるようになるからだ。

❷ 具体性：具体性のある話をしているかどうか？

次に重要な基準は「具体性」です。主張と根拠が明示されていたとしても、具体性がなければ人を説得することが難しくなります。つまり、いくら論理的に正しいように見ても、その主張が具体性に欠けていれば、立論としては劣っているということです。

ここでも、ジャッジとしては、それぞれの主張のどちらがより具体的であるかを見ることがその良し悪しを決める上で重要になります。下の例でいうと、肯定側の主張は、その主張に対して根拠が示されているものの、具体的ではないので、立論としては明確にイメージし辛いものになっています。一方、否定側は、根拠を示しているだけでなく、そこに具体性もあるので、立論としては、否定側の方が優れているといえるでしょう。

肯定側	否定側
宿題はなくすべきだ。なぜなら、宿題によって、創造性が奪われるからだ。	宿題はなくすべきではない。なぜなら、宿題によってさまざまな力が鍛えられているからだ。たとえば、今は基礎問題だけでなく、よく考えられた宿題も出されており、自由英作文などで独自の考えを自由に書かせる宿題も出されている。

❸ 関連性：論題に即した議論をしているかどうか？

　最後に重要な基準は「関連性」です。これは、他の二つの基準に比べて、少し難しい基準ですが、非常に重要なものです。立論としては、根拠があり、具体性があったとしても、それが全体の議論に即していなければ、立論としては劣っているものになってしまうからです。

　ジャッジとしては、それぞれの主張において、どちらがより論題に関連した話をしているかが、立論の良し悪しを決める上で重要になります。下の例でいうと、肯定側の主張は根拠があり、具体例もありますが、「廃止」とは少しずれた主張になっています。もう少し詳しく言うと、肯定側の主張は「量」の問題を話しているため、「量を減らせば解決してしまう」可能性もあります。したがって、なぜ「廃止」しなければならないのかについて、あまり関連していない主張となっています。一方、否定側の主張は、「廃止」することによって生じる問題について述べており、「廃止」がいかにまずいことかをきちんと説明しています。つまり、否定側の方が、論題に関連した話をしていることから、否定側の立論の方が優れているといえるでしょう。

肯定側	否定側
多量の宿題は問題だ！ なぜなら、多量の宿題のせいで生徒は毎日苦しんでいる。たとえば、多量の宿題のせいで、不眠症になっている。だから、多量の宿題は問題だ。	宿題は完全に廃止すべきではない。なぜなら、宿題によって最低限の基礎力が身につくからだ。たとえば、宿題は、学校の既習事項をもとに出されており、宿題が完全に廃止されてしまったら、基礎学力を身につける機会が奪われてしまう。

4. 勝敗の判定方法

　前節（3.立論の評価方法）では、立論をどのように評価すべきかを見てきました。ただし、これは立論についてのみの評価です。実際の試合では、立論だけでなく反論（再反論）、まとめ・比較など、他の要素についても合わせて評価しなければなりません。たとえば、最初の立論そのものはよかったとしても、相手側からの反論が効果的であった場合には、その立論の評価を相対的に下げる必要があります。つまり、勝敗を考える際は、立論以外の要素も考慮に入れて、総合的に判断する必要があるということです。

　どのような反論が効果的なのかに関しては、第2章1「反論」で学んだように、Direct Refutation になっているかどうか、また Indirect Refutation ならば相手の立論の重要性を効果的に下げることができているかどうかを見ることになります。

　また、双方の反論が効果的でなかった場合や、双方の再反論（反論に対する反論）が効果的だった場合には、どちらの立論がより説得的であったかに関して、甲乙つけがたい状況に陥る可能性もあります。そういう場合は、第2章1「まとめ・比較」のところで見たような比較の説明を上手にした側が、より説得的だったと判定することができます。

大切なことは、立論だけで勝敗を判定するのではなく、反論（再反論）や比較などの要素も考慮に入れて、総合的に判断し勝敗を判定することです。残念ながら、ジャッジに慣れていない人が判定をする場合、立論だけで勝敗を判断してしまいがちになるのですが、そうならないように、総合的に評価を下す必要があります。

5. 各スピーカーの評価の仕方

　最後は、各スピーカーの評価の仕方です。授業では、試合の勝敗を決めるだけでなく、多くの場合、各スピーカーの評価（スコアリング）を行う場合もあるかと思います。その際に、どのように評価すればよいかを説明していきます。

　競技英語ディベートにおいては、各スピーカーの評価の仕方は大会やスタイルによって異なるのですが、授業においては「内容」と「表現」の二点で各スピーカーを評価するのがよいでしょう。「内容」とは、立論や反論の内容がどれだけよかったかを評価するというもので、先述の「明確な根拠」「具体性」「関連性」を基準にするとよいでしょう。一方、「表現」とは、各スピーカーがどれだけ上手にジャッジに自らの主張を伝えられたかを評価するもので、第3章1でご説明する「アイコンタクト」「ジェスチャー」「話すスピード」などを基準にするとよいと思います。

　評価する際の得点に関しては、授業用即興型英語ディベートのスタイルを提唱しているPDAという団体が「ルーブリック」や「スコアリングの数値」を具体的に定めているので、参考にされるのもよいでしょう。

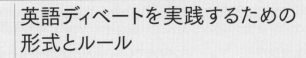

2 | 英語ディベートを実践するための 形式とルール

　いよいよ実際に英語ディベートを実践するための方法を紹介します。ここでは、競技英語ディベートで行われている「事前調査型英語ディベート」と「即興型英語ディベート」、それぞれの形式とルールの概要を紹介します。

　ただし、ここで紹介する内容はあくまで概要であって、英語ディベートを始める際に最低限知っておくべき事柄にとどめています。競技として実際に大会に参加する際には、それぞれの競技の団体のウェブサイトで、形式とルールの詳細を確認してください。

　授業での英語ディベートの実践を考えている方には、この両スタイルのやり方はとても参考になるかと思います。というのも、ここで紹介する形式とルールは競技英語ディベートに関するものではありますが、授業の内容に合わせてそれらを応用することによって、日々の授業の中で英語ディベートを実践することが可能になるからです。ですので、形式とルールを紹介した後、それらを授業でどのように応用できるかについても触れていきます。

事前調査型英語ディベート（HEnDAスタイル）

　まずは事前調査型英語ディベートであるHEnDAスタイルを紹介します。このスタイルの特徴は、その名のとおり、事前に調査を行い、英語ディベートを行うものです。

概要

論題	大会運営者から数か月前に発表される
準備方法	論題が発表されたあと、選手は立論や反論などを考えると同時に、自分たちの主張を支える根拠（エビデンス）を集める。立論内容は二つに絞る。
メンバー構成 4対4 （　）は話す時間	〈肯定側（Affirmative Side）〉 一人目：Constructive Speaker（4分） 二人目：Attack Speaker（3分） 三人目：Defense Speaker（3分） 四人目：Summary Speaker（3分） 〈否定側（Negative Side）〉 一人目：Constructive Speaker（4分） 二人目：Attack Speaker（3分） 三人目：Defense Speaker（3分） 四人目：Summary Speaker（3分）
質疑応答	Constructive SpeakerとAttack Speakerのあとにそれぞれ2分間の質疑応答がある

詳細

❶ 論題と準備

　まずは論題に関してですが、論題は運営者であるHEnDAから事前（例年3月頃）に発表され、1年間同じ論題で試合が行われます。

　肯定／否定の立場に関しては（それぞれ Affirmative Side、Negative Side という名前がついています）、試合直前に対戦相手の発表と同時に大会運営者から発表されます。

　事前調査・準備の段階では、肯定側・否定側の両方において、どのような議論ができるかについてアイディアを考えると同時に、自分たちのアイディアの根拠となるエビデンスを探すことが求められます。もちろん、そのエビデンスが信憑性のあるものかどうかも問われます（ブログやSNSなどの個人的な意見などは認められません）。立論のルールとしては、立論内容が多岐にわたると議論が深まらないため、二つのポイントに絞ることが求めら

れ、また、早口になることを避けるため、立論の文字数制限があります。立論を作成する際は、第2章1で述べた Problem Solving Format（Present Situation / Effect / Importance）の型を基に立論を組み立てると効果的です。

❷ メンバー構成と各スピーカーの役割

　チームは四人制で、一人目の Constructive Speaker、二人目の Attack Speaker、三人目の Defense Speaker、四人目の Summary Speaker という構成になります。

　それぞれの役割として、一人目の Speaker である Constructive Speaker

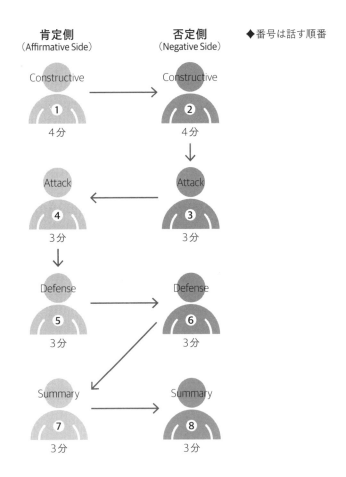

肯定側
（Affirmative Side）

否定側
（Negative Side）

◆番号は話す順番

Constructive ① 4分
Constructive ② 4分
Attack ④ 3分
Attack ③ 3分
Defense ⑤ 3分
Defense ⑥ 3分
Summary ⑦ 3分
Summary ⑧ 3分

は、立論を担当し、論題について賛成／反対する理由を述べます。例えば、宿題廃止の論題で言えば、賛成側であれば「廃止すべき理由」、否定側であれば、「廃止すべきでない理由」を述べます。二人目のSpeakerであるAttack Speakerは、反論を担当し、相手の立論に対して反論することに専念します。三人目のSpeakerであるDefense Speakerは、再反論を担当し、相手から出されたそれぞれの反論に対して、反論し返す（再反論をする）役割になります。四人目のSpeakerであるSummary Speakerは、総括を担当し、それまでの議論をまとめ、なぜ自分たちの立論の方が相手の立論より優れているのかを説明します。ただし、最後のスピーカーであるSummary Speakerはこれまでの議論をもとに説明することが求められることから、新しい立論や新しい反論をすることは禁じられています。

❸質疑応答

　質疑応答に関しては、肯定側／否定側それぞれのConstructive SpeakerとAttack Speakerのスピーチ後にそれぞれ2分間の質疑応答の時間があります。質問内容は基本的に自由ですが、「相手が言っていた内容の確認」や「相手が話していた内容で根拠の弱い部分の指摘」などが主に行われます。質問は誰もができるわけではなく、Constructive Speakerに対しては、相手側のSummary Speakerが、Attack Speakerに対しては、相手側のDefense Speakerが行います。

試合の流れ

　実際の試合の流れは以下のようになります。

手順	内容	時間
	論題の発表（約10か月前に大会側から発表される）	
	対戦相手・立場の発表（試合直前に対戦相手と肯定側・否定側が発表される）	

1	肯定側立論（Affirmative Constructive Speaker）	4分
2	準備時間	1分
3	質疑応答（否定側のSummary Speakerから肯定側のConstructive Speakerへ）	2分
4	否定側立論（Negative Constructive Speaker）	4分
5	準備時間	1分
6	質疑応答（肯定側のSummary Speakerから否定側のConstructive Speakerへ）	2分
7	準備時間	2分
8	否定側反論（Negative Attack Speaker）	3分
9	質疑応答（肯定側のDefense Speakerから否定側のAttack Speakerへ）	2分
10	肯定側反論（Affirmative Attack Speaker）	3分
11	質疑応答（否定側のDefense Speakerから肯定側のAttack Speakerへ）	2分
12	準備時間	2分
13	肯定側再反論（Affirmative Defense Speaker）	3分
14	否定側再反論（Negative Defense Speaker）	3分
15	準備時間	2分
16	肯定側総括（Affirmative Summary Speaker）	3分
17	否定側総括（Negative Summary Speaker）	3分
	ジャッジからの講評と判定	数分

＊注意すべき点は、Attack Speakerと呼ばれる反論のパートだけは否定側が先にスピーチを行う点です。

授業英語ディベートへの応用

　以上、競技としての事前調査型英語ディベート（HEnDA）の形式とルールを紹介してきましたが、ここでは、このスタイルの特徴の中で授業に応用できるものがいくつかありますので、それらを紹介します。

特徴❶：長い準備時間とエビデンス

　このスタイルの特徴は、試合までの準備時間がたくさんあることです。そのため、生徒たちは、ある程度の予備知識を持った上でディベートを行うことができます。また、事前に議論を想定できるので、それをもとに、英単語や英語表現を調べることもでき、英語が苦手な生徒にとっては心理的な負担が少ないかもしれません。また、立論や反論をする際は、証拠となるエビデンスが求められることから、空疎な議論になるのを避けることができます。

特徴❷：一人一人の役割が明確

　二つ目の特徴は、一人一人の役割が明確になっている点です。たとえば、一人目のスピーカーは立論、二人目は反論、三人目は再反論（反論に対する反論）、四人目は総括といったように、各スピーカーの役割が明確に決まっています。こうしたことから、ディベートに慣れていない生徒も、一つの役割に専念することができるというメリットがあります。

特徴❸：各スピーカー間の準備時間

　三つ目の特徴は、各スピーカーのあとに準備時間が与えられている点です。この準備時間があることで、チームで話し合いができるだけでなく、次のスピーカーが自分のスピーチの準備をすることができるので、英語が苦手な生徒にとっては重要な時間となります。

特徴❹：質疑応答の時間が設けられている点

　四つ目の特徴は、質疑応答の時間が明確に決められている点です。この時間を使って、相手が話した内容で分からなかった点を確認することができ、議論を噛み合わせることができます。また、相手の話の内容で根拠の弱い点を質問で指摘したりすることもでき、質問する力を養うこともできます。

即興型英語ディベート（PDA・HPDUスタイル）

　次に即興型英語ディベートを紹介します。このディベートスタイルに関しては、PDAスタイルとHPDUスタイルがありますが、ここでは授業用に作られたPDAスタイルを中心にご説明します。このスタイルは、50分の授業内で完結するように考え出されたスタイルです。

概要

論題	試合が始まる15分前に運営者から発表される
準備	15分の準備時間の中で、2つの立論内容をチーム全員で考える。ただし、インターネットの使用を禁止されている（地頭でアイディアを考えるため）
メンバー構成 3対3 （　）内は話す時間	〈肯定側（Government Side）〉 一人目：Prime Minister（3分） 二人目：Member of the Government（3分） 三人目：Prime Minister Reply（2分） 〈否定側（Opposition Side）〉 一人目：Leader of the Opposition（3分） 二人目：Member of the Opposition（3分） 三人目：Leader of the Opposition Reply（2分）
質疑応答	相手のスピーチ中に行う（Point of Information）

詳細

❶論題と準備

　まず試合前（論題発表前）に、肯定・否定のどちらの立場になるか（それぞれGovernment SideとOpposition Sideという呼び名がついています）が、運営者から発表されます。次に論題が運営者から発表されます。そこから選手は15分間の準備を経て、試合を行います。

❷メンバー構成と各スピーカーの役割

　メンバー構成は三人で、肯定側の一人目はPrime Minister、二人目はMember of the Government、三人目はPrime Minister Replyと呼ばれま

す。否定側の一人目は Leader of the Opposition、二人目は Member of the Opposition、三人目は Leader of the Opposition Reply と呼ばれます。これらの名前は、英国議会の議員の役職名に由来しています。

　各スピーカーの役割については少し複雑なので、以下の図と表を参照しながら、以下の説明を確認してください。

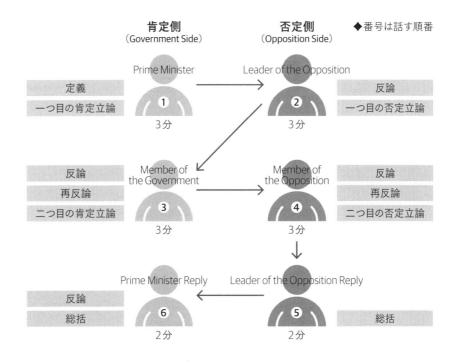

各スピーカーの役割

- 肯定側の一人目（Prime Minister）①「定義」②「一つ目の肯定立論」

- 否定側の一人目（Leader of the Opposition）①「反論（一つ目の肯定立論に対する）」②「一つ目の否定立論」

- 肯定側の二人目（Member of the Government）①「反論（一つ目の否定立論に対する）」②「再反論（相手の反論に対する）」③「二つ目の肯定立論」

- 否定側の二人目（Member of the Opposition）①「反論（一つ目と二つ目の肯定立論に対する）」②「再反論（相手の反論に対する）」③「二つ目の否定立論」

- 否定側の三人目 (Leader of the Opposition Reply) ①「総括 (まとめ・比較)」(＊ここだけは否定側が先に発言をします)
- 肯定側の三人目 (Prime Minister Reply) ①「反論 (二つ目の否定立論に対する)」②「総括 (まとめ・比較)」

　このように、各スピーカーが、複数の仕事を行うのが特徴です。最初は一見難しく感じるかもしれませんが、慣れるとすぐにできるようになります。

試合の流れ

　実際の試合の流れは以下のようになります。

手順	内容	時間
1	対戦相手・立場・論題の発表 (大会運営者から発表)	5分
2	準備時間	15分
3	Prime Minister (肯定側一人目)	3分
4	Leader of the Opposition (否定側一人目)	3分
5	Member of the Government (肯定側二人目)	3分
6	Member of the Opposition (否定側二人目)	3分
7	Leader of the Opposition Reply (否定側三人目)	2分
8	Prime Minister Reply (肯定側三人目)	2分
9	ジャッジによる講評・判定	約10分

＊注意すべき点は、Replyと呼ばれる総括のパートだけは否定側が先にスピーチを行う点です。

授業英語ディベートへの応用

　以上、競技としての即興型英語ディベート（PDA）のやり方を紹介してきましたが、ここでは、このスタイルの特徴の中に授業で応用できるものがいくつかありますので、それらを紹介します。

特徴❶：短い準備時間と地頭力

　一つ目の特徴は、比較的短い準備時間です。限られた準備時間の中で、議論内容を考えることが求められるため、チームワークが非常に重要となり、協調性を養うよいトレーニングとなります。

　また、この準備時間においては、インターネットの使用を禁止されていることから、地頭力を鍛えることになります。もちろん、知識が足りないことで良い議論にならない可能性もありますが、それはそれで自分の知識の乏しさを知ることになるので、そのこと自体が時事問題などへの関心を高めるといった学習効果につながります。

特徴❷：各スピーカーの役割

　二つ目の特徴は、各スピーカーが複数の仕事をすることが求められる点です。先述のように、肯定側の一人目は、ただ立論をするだけでなく、議論を明確にするために論題の定義をする必要があります。また、否定側の一人目は、相手の立論に反論するだけでなく、自分たちの立論も提示します。つまり、各スピーカーが複数の仕事をすることが求められます。慣れるまでは、一見難しく感じられるかもしれませんが、この形式に慣れれば、それほど難しくはなく、すぐにできるようになります。各スピーカーが複数の仕事をこなすことになるので、そのことにより一つのスキルだけでなく、複数のスキルをすべて等しく鍛えることができます。

特徴❸：各スピーカーの間に準備時間がほぼない

　三つ目の特徴は、各スピーカーのスピーチの合間に一定の準備時間

が設けられていない点です。このことにより、即興の要素が非常に強くなります。日本人は即興で英語を話すことが苦手と言われることがありますが、即興力を鍛える上で、この試合形式は非常によいトレーニングとなります。もちろん、授業で実践する際は、当初各スピーカーのスピーチ間に少し準備時間を置いた方がよいこともありますが、慣れてきたらできるだけ準備時間を置かずに行うと、即興力の育成につながります。

特徴❹：質疑応答の即興性

　四つ目の特徴は、相手がスピーチをしている途中で質疑応答をする点です。これを即興型英語ディベートでは、Point of Informationと言います。質問をする側は、相手のスピーチ中に「Point of Information」あるいは「POI」と言って立ち上がります。質問をされる側は、Point of informationをされた際に、質問に対して毎回必ず答えなくてはならないというわけではないのですが（質問を受けたくない時は、"No, thank you"などと言って断ることができます）、スピーチ中に一、二回質問に答えることが推奨されています（質問を受ける際は、"Go ahead."などと言って質問を受け付けます）。この質疑応答の形は、即興力を鍛える上で非常によいトレーニングとなります。なぜなら、質問する側は相手側が質問を受けるタイミングで即座に質問しなくてはならず、また質問に答える側も自分のスピーチ中に即興で質問に答えなくてはいけないので、両者ともに即興力が求められるからです。

まとめ

　以上、日本の中学・高校で主に行われている二つの英語ディベートの形式とルールを紹介しました。競技として大会や練習会に参加する場合は、両者の違いを理解した上で参加すると、より競技を楽しめると思います。先述のように、両者はどちらかがより優れているというものではなく、それぞれのスタイルから得られる教育的効果も異なるので、両方のスタイルで実践してみると得られるものも大きいかもしれません。

　また、授業での英語ディベートの実践を考えている方には、この両スタイルのやり方はとても参考になるかと思います。当然のことながら授業の中で実践する場合は、正式な形式とルールに必ずしも従わなければならないということはないので、授業目的や生徒のレベルに合わせてカスタマイズするとよいでしょう。また、両スタイルのよいとこ取りをした形で実践するということも考えられますし、両スタイルを個々にそれぞれ年間の授業の中に取り入れるという方法もあるかと思います。

3 | 英語ディベートを実践するための TODOリスト

　本章ではここまで、英語ディベートを実践するために、どのような基本的スキルを身につけるべきか、また英語ディベートを実践するための形式とルールを見てきました。本節では、それらをもとに、実際に英語ディベートを実践するためにどのような手順を踏めばよいのかをまとめていきたいと思います。以下に、英語ディベートを実践するために事前に考えるべきTODOリストを掲載しました。ただし、必ずしもこの通りの順番に拘る必要はないということだけはご承知おきください。

　また、競技ディベート（部活動）においては、出場する大会に応じて、どのような形で実践するかが決まってきますが、どの大会に出場するのか決まっていない場合などには、このTODOリストを参考に実践してみてください。

　英語ディベートを実践するためのTODOリストは以下の９項目です。

TODO❶：準備方法（事前調査型 or 即興型）を決める

TODO❷：試合の流れ・各スピーカーの役割を決める

TODO❸：時間（準備時間／スピーチ時間）を決める

TODO❹：論題を決める

TODO❺：誰がジャッジを行うのかを決める

TODO❻：司会進行者とタイムキーパーを誰が行うのかを決める

TODO❼：必要な物を準備する

TODO❽：試合のための机の配置を決める

TODO❾：終わった後に何をするかを決める

英語ディベートを実践するための TODO リスト

TODO❶：準備方法（事前調査型 or 即興型）を決める

　前述したように、英語ディベートには主に二つのスタイルがあり、それぞれ準備の仕方が異なります。事前にたっぷりと時間をかけて準備をさせるのか、あるいは、少ない時間で準備させるのか、目的に応じて、決めるのが良いかと思います。ただし、競技ディベート（部活動）の場合は、どの大会に出場するかによって、準備方法は自動的に決まることになります。

TODO❷：試合の流れ・各スピーカーの役割を決める

　各スピーカーの役割もスタイルによって異なります。HEnDA スタイルのように一人のスピーカーが一つの仕事をするのか、PDA スタイルのように一人のスピーカーが複数の仕事をするのかを決める必要があるでしょう。また、それに応じて、一試合に参加する人数（たとえば、四人対四人／三人対三人）についても考える必要があります。競技ディベート（部活動）の場合は、どの大会に参加するかによって、人数も決まってきます。

TODO❸：時間（準備時間／スピーチ時間）を決める

　時間の設定も大切です。事前の準備時間だけでなく、各スピーカーの間の準備時間をどうするのか、また各スピーカーが話す時間をどうするのかを考える必要があります。この点については、生徒のレベルだけでなく、どれだけ時間を使えるか（例えば、50分の授業内で終わるのか）にも左右されます。競技ディベート（部活動）の場合も、最初は短いスピーチ時間で練習し、徐々にスピーチの時間を長くするなど、練習の段階では生徒のレベルに応じて変えてみるとよいでしょう。

TODO❹：論題を決める

　そして、どの論題で議論するのかを決めることも非常に重要です。議

論が盛り上がるかどうかは論題にかかっているからです。授業の中で英語ディベートを実践するのであれば、授業に関連したものにするとよいでしょう。また、授業にまったく関係ないものでも、時事問題などは論題に適したものが多くあるので、その中から選ぶのもよいと思います。最近話題のSDGs（Sustainable Development Goals）などのトピックもディベートの論題としては非常に適しています。大切なのは、生徒のレベルや目的に応じて論題を決めることです。さらに、論題を決める際に重要なのは、肯定と否定の両方の立論が思いつきやすい、あるいは述べやすいものを選ぶことです。そうしないと、肯定と否定で公平に議論ができないからです。

　また、どうしても論題を自分で思いつかない場合は、英語ディベートでよく使われる論題をインターネット上で探して、その中から選ぶのも一つの方法です。本書の巻末資料には、授業などでよく用いられる論題がまとめられた著者のサイト（English Debate for Education）を掲載していますので、そちらをぜひ参考にしてください。上記のサイトには、日本の高校生の大きな大会で過去に使用されたほとんどの論題も掲載されていますので、部活動の練習で論題を決める際にも役立つはずです。

TODO❺：誰がジャッジを行うのかを決める

　授業にせよ、部活動にせよ、誰がどのようにジャッジを行うのかを決めるのは非常に重要なポイントです。具体的には、以下のような三つの形が考えられます。一つ目は、生徒を複数のグループに分けて試合をさせると同時に、それぞれのグループに生徒のジャッジをつける形、二つ目は、代表者数名に試合をさせて、残りの生徒がジャッジをする形、三つ目は、代表者数名に試合をさせて、教員がジャッジをする形です。クラスの人数、部活動の参加人数やレベル、目的に応じて柔軟に変えるとよいでしょう。

TODO❻：司会進行者とタイムキーパーを誰が行うのかを決める

　司会進行者とタイムキーパー（時間を計る人）を決めるのもスムーズに英語ディベートを実践する上で重要です。これらの担当者がいないと、ダラダラと試合が進んでしまったり（授業終了時間を超えてしまう）、誰が何をすればよいか分からず試合が混乱してしまったりする場合があります。そうならないために、誰が試合を進行し、誰が時間を計るのかを明確にした方がよいでしょう。具体的には、ジャッジが進行役とタイムキーパーを兼ねて行うパターンと、ジャッジとは別の誰かが進行役とタイムキーパーを行うパターンが考えられます。教員が一括してやる方法も考えられますが、いずれにせよ、スムーズに試合を進めるために進行役とタイムキーパーは誰が行うのかをはっきり決めるとよいでしょう。また、進行役が使う進行表や、タイムキーパーに必要なタイマーなどを準備することも大切です。

TODO❼：試合に必要な用具を準備する

　授業・部活動いずれの場合においても、英語ディベートの実践がしやすいように必要な物を教員が準備する、あるいは生徒に準備させることも大切です。まずは試合進行に必要な物ですが、特にはじめてディベートをする場合は「試合進行の手順が書かれた資料」や、「何を話すべきかが書かれたスピーチシート」を準備すると、スムーズに試合が進行するでしょう。

　試合中に必要な物として「メモ用紙」と「ストップウォッチ」も大切です。試合中は、さまざまなメモを取ることになるので、メモができるような用紙を配布したり、議論の順番どおりにメモができるように作られたシート（フローシートと呼ばれます）を作成したりしてもよいかもしれません。また、ジャッジと同じように、各ディベーターもスピーチ時間を意識する必要があるので、ストップウォッチを必要な数だけ準備しておくとよいでしょう。

　また、「複数の色ペン」と「付箋」などの用具があると便利です。試合中のさまざまな議論をメモする場合や、これから自分が話す内容をメモする

場合などに複数の色ペンで書くと分かりやすくなるので、複数の色ペンを準備させるとよいでしょう。付箋に関しては、試合中、特に相手のスピーチ中は静かにしていなくてはいけないので、チームメイト同士でコミュニケーションを取ったり、アドバイスを送ったりする際に非常に便利です。

　英語力に難が見られる場合は、単語シートを配る方法もあります。ただし、単語シートを闇雲に配ると、単語シートにかかれている単語に基づくアイディアでしか議論しなくなってしまい、生徒の発想力を奪いかねない点には注意が必要です。

TODO❽：試合のための机の配置を決める

　授業内で英語ディベートを実践する時は、どのような机の配置で試合をするかを考えることも重要です。特に一つのクラスで複数の試合をする場合など、どのような机の配置で試合をするかを事前に決めておかないと、それを考えるために余分な時間を取られることになってしまいます。ですので、試合に参加するディベーターの人数分、ジャッジ、進行役・タイムキーパー、それぞれの机をどのような配置にするかを事前に考えておくことが重要です。

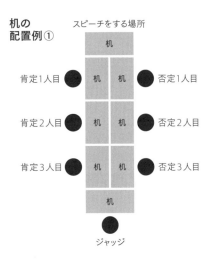

机の
配置例①

スピーチをする場所

机

肯定1人目 ● 机 机 ● 否定1人目

肯定2人目 ● 机 机 ● 否定2人目

肯定3人目 ● 机 机 ● 否定3人目

机

●

ジャッジ

机の配置例②

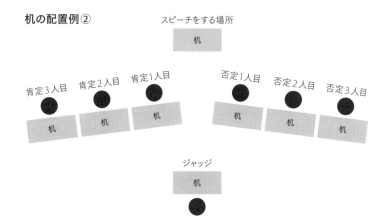

TODO❾：終わった後に何をするかを決める

　英語ディベートは、試合の終了によってすべてが終わる訳ではなく、試合の後に何をするかによって教育的効果が違ってきます。授業で言えば、アイディアを共有する、ライティングをする、もう一度論題にかんする内容を調べ直すなどの活動によって、教育的効果を高めることができます。

　部活動では、論題の背景知識を調べ直す、どんな議論が可能だったかを検討し復習する、スピーチを各自もう一度やり直すなどをしてみると、一回一回が大会に向けた質の高い練習になっていくでしょう。

補：英語ディベートを活用した教育実践

　第２章では、これまで英語ディベートを実践するために何を準備し、何をしなければならないかということを中心に述べてきましたが、その中で英語ディベートの基本スキルや段階的アクティビティに関して述べたことは、英語ディベートのためだけでなく、英語教育はもちろんのこと、他の教育実践を効果的なものにするためにも役立つものです。ここでは、英

語ディベートを活用した三つの活動事例を紹介します。

事例1： 英語ディベートを活用したリーディング指導
事例2： 英語ディベートを活用したプレゼンテーション指導・発音指導
事例3： 英語ディベートを活用した学校行事・国際交流

事例1： 英語ディベートを活用したリーディング指導

これまではスピーキングを中心としたアクティビティを紹介してきました。ただ、実際の授業では、教科書のリーディング指導に英語ディベートを活用したいと思っておられる方も多くいると思います。そこでここでは、英語ディベートを活用したリーディング指導の方法とメリットについて見ていきます。具体的には「教科書を読む前」と「教科書を読んだあと」の二つのケースに分けてご説明します。

❶ 教科書を読む前の英語ディベート活用のメリット

まずは教科書を読む前に英語ディベートを活用する方法です。これは、教科書を読む前にその内容に関しての英語ディベートを行うというものです。

この活用法のメリットは二つあると考えられます。一つ目のメリットは、教科書のトピックについての興味関心、あるいは、知的好奇心が高まるというものです。そもそも教科書の英文に興味や関心がないと、受身的にその英文を読むことになり、学びが少なくなってしまう可能性がありますが、事前に一度英語ディベートを経験していれば、自分がそのトピックに対して何を知っていて、何を知らないのか、また、今どのようなことが社会問題になっているかなどのトピックに対する認識が高まります。そして、そのことにより、能動的に教科書の内容に触れることができ、一つの英文から多くのことを学べる可能性があります。

二つ目のメリットは、英単語や英語表現を事前に効率的、実践的に学

ぶことができるということです。英語ディベートを行う際に、教科書に出てくる英単語や英語構文を提示しておけば、それを活用して英語ディベートを行うことになるので、英単語や英語表現をただ暗記するのではなく、実践的に使いながら英単語を覚えることになります。そのことにより、教科書に出てくる英単語や英語表現がより身近なものとして、また応用可能なものとして習得できるというメリットがあります。

❷ 教科書を読んだあとの英語ディベート活用のメリット

　次は、教科書を読んだあとに英語ディベートを活用する方法です。これは、教科書の内容に触れたあとに、教科書のトピックに関する英語ディベートを行うというものです。

　この活用のメリットは三つあると考えられます。一つ目のメリットは、教科書の表現を効果的に復習できることです。教科書のトピックで英語ディベートを行えば、当然授業で習った英単語や英語表現を使うことになります。そうすることで、教科書の復習が効果的に行われ、英単語や英語表現が自然に身につく効果があります。

　二つ目のメリットは、英語（授業）への取り組む姿勢が能動的になることです。英文を読んだあとに、英語ディベートをすることが分かっていれば、英語ディベートの中で上手に英語を話したいという動機づけがなされ、英文に対する取り組み方が変わってきます。たとえば、内容をしっかり理解しようといった意欲や、英単語や英語表現を覚えようとする意欲が高まり、授業への取り組み方が変わる可能性があります。

　三つ目のメリットは、事前調査の期間を置かずに英語ディベートが簡単に行える点です。背景知識を何も知らずに議論を行うと全く噛み合わない議論になることがあるため、それを懸念して授業で英語ディベートをやらせない方もいるかもしれませんが、教科書を読んだあとであれば、最低限の知識をすでに学んでいるため、その知識をもとに深い議論が可能となるだけでなく、知識を実践で活用することになるので、教科書で学ん

だ知識がより頭に残りやすくなるというメリットもあります。

❸ 教科書を読んだあとの英語ディベート活用の事例と方法

　最後に、教科書を読んだあとの英語ディベート活用法の実践例として、私が実際に行ったカリキュラムを紹介します。このカリキュラムの特徴は、テキスト英文自体に賛成・反対の意見が含まれたものを使用した点です。このことにより、適切な英語表現が身につくだけでなく、自分の意見を言うための論理的な型を学ぶことができました。さらに、さまざまなトピックに対する賛成・反対両方の意見について学ぶことができ、視野を広げることもできました。私が使用したテキストは下記のものですが、それ以外にも賛成意見と反対意見の両方が含まれたテキストはたくさんあるので、一番使い勝手のよいものを利用されるとよいかと思います（下記の実践例を参照）。

| 実践例 | テキストを使った実践例 |

テキスト：

森秀夫著『CD付 図式で攻略！英語スピーキング』（DHC、2018年）

本テキストの特徴：

- 社会問題となるトピックが50個ある
- それぞれのトピックに対して賛成する意見と反対する意見が書かれている
- AREAに基づいて英文が構成されている
- 自分の意見を言うための表現がまとめられている
- CD付

カリキュラム：

1限目）賛成の意見の英文に触れる

- 英単語確認
- リスニング問題
- リーディング問題

2限目）反対の意見の英文に触れる

- 英単語確認
- リスニング問題
- リーディング問題

3限目）自分の意見を述べる

- スピーキングトレーニング
- ライティングトレーニング

その他の参考文献（賛成・反対意見が書かれたテキスト）：

- 松本茂著『速読速聴・英単語Opinion1100 ver.2』(Z会、2017年)
- 長尾和夫・アンディ・バーカー著『英語で話す力。141のサンプル・スピーチで鍛える！』(三修社、2016年)

　さらに、学校で指定されたテキストしか使用できない場合や、そもそも肯定・否定が分かれていない英文をリーディングしなくてはいけない場合も多々あるかと思いますが、その場合でも、インターネット上で賛成意見と反対意見の両方が書かれた英文サイトを見つけることができますので、その英文を補助教材として使用すれば同じ効果が得られます。

　また、そうしたサイトが見つからない場合は、背景知識を少し話してから議論をすることも可能です。私は授業で、CNNニュースの記事を用いてリーディングやリスニングのトレーニングを行ったあと、その記事に関する背景知識を簡単に説明し、その後に簡単なディベートを行ったことがあります。リーディングの指導のために英語ディベートを活用したいと考えていらっしゃる先生方は多いと思いますが、その際にこうしたやり方は効果的でしょう。

事例2：英語ディベートを活用したプレゼンテーション指導・発音指導

　事例1では、英語ディベートを活用したリーディング指導について述べましたが、英語ディベートは、他の指導、たとえばプレゼンテーション指導、そして発音指導にも活用することができます。それぞれについて見ていきたいと思います。

❶ 英語ディベートを活用したプレゼンテーション指導（話す側）

　まず、プレゼンテーションに関してですが、プレゼンテーションといってもさまざまなやり方があり、型を示さずに自由にやらせた方がよいという考えもあると思います。ただ、英語が苦手な生徒にとっては、英語表現とともに、プレゼンテーションの構成となるテンプレートのようなものがないと、英語のプレゼンテーションが難しいものとなりすぎてしまいます。

　そのような場合、英語ディベートの立論のテンプレートを利用することで一つの型を示し、英語プレゼンテーションを比較的やりやすいものにするのもよい方法です。例えば、先述のように、AREA / NLC の型を教えれば、自己紹介のプレゼンテーションをする際に非常に楽になります（第2章 1段階的アクティビティ❶）。

　さらに有効なのは、応用の立論で紹介した Problem Solving Format です。これは「現状の問題をどう解決するか」を説明するための型であり、プレゼンテーションとして「何かある問題を解決する話」をする際に非常に有効なものとなります。一般に、プレゼンテーションを行う際には、ある問題に焦点を当てて、それをどう解決するか、といった形でスピーチをすることが多いと思います。その際に、Problem Solving Format のテンプレートを利用すると、自然とプレゼンテーションの型を身につけることができます。逆に言えば、このテンプレートに基づくプレゼンテーションを何度も実践していれば、英語ディベートで立論を組み立てる際に、Problem Solving Format を自然に使えるようになるでしょう。つまり、両者で同じテンプレートを利用していれば、相乗効果を得ることができるのです。

❷ 英語ディベートを活用したプレゼンテーション指導（聞く側・質問をする側）

　また、プレゼンテーションをする側だけではなく、プレゼンテーションを聞く側（質問をする側）にとっても、英語ディベートの基本スキル、特に反論は非常に役に立ちます。第2章1「反論」の補足で述べたように、反論ができるようになると、話の内容について的確な分析ができ、適切な質問ができるようになります。つまり、反論の基本スキルを活かして、プレゼンテーションの質疑応答を活性化することができるのです。プレゼンテーションによっては、ただ発表して質問がないままに終わってしまうことがあります。その理由にはさまざまなことが考えられますが、一つの理由としては、どのような質問をすればよいのかが分からないからというものがあるでしょう。そうした状況にならないためには、よいプレゼンテーションをするための方法を学ぶだけではなく、効果的な質問をするための方法を学ぶ必要がありますが、英語ディベートを活用すればその活動を通して必要なスキルを自然に学ぶことができるのです。

❸ 英語ディベートを活用した発音指導

　さらに、英語ディベートは発音指導にも応用できることが学術的な研究によって示唆されています。これは私が実際に行ったものではないのですが、発音力を鍛えるためにディベートが活用され、実際に効果があることを示唆する研究があります（Saito, 2015）。発音練習というと一般に発音記号を参考にしながら一つ一つの発音を個別に指導することが基本になっていますが、実際のコミュニケーションの中では、学んだ発音をなかなかうまく発話できないことが多々あります。そうした状況を克服するために、この研究では、実際のコミュニケーションの中でもきちんとした発音ができるようにするための活動の効果を検討しています。この活動では、たとえば、日本人にとって発音が難しいと言われる「Rの発音」をあえて論題の中に入れ、さらにRが含まれる単語が赤の太文字で書かれていることで（たとえば、Running inside is better than running outside）、生徒はディベート

という場でコミュニケーションを取らなくてはいけないと同時に、発音も意識しなくてはいけないという状況に置かれます。また、発音がきちんとできない場合は、英語ディベートの邪魔にならない程度に教員からRの発音ができていないことが指摘されるそうです。こうしたタスク活動を通して、学習者は実際のコミュニケーションにおいても、日本人にとって難しいとされるRの発音ができるようになることが示唆されているのです。

事例3：英語ディベートを活用した学校行事・国際交流

❶ 英語ディベートを活用した学校行事

　最後の事例は、英語ディベートを活用した学校行事・国際交流です。まず学校行事に関しては、英語ディベートを行事の一つとして実践するというものです。ここに紹介する例は、神奈川県立柏陽高等学校のものです。柏陽高等学校では2018年度になんと全員参加の英語ディベート大会が開催されました。しかも、一つの学年だけでなく、高校一年生と二年生の二学年でそれぞれの大会が開催されました。各クラスで予選を実施し、決勝は各クラスの代表チームが試合を行いましたが、ただ試合をするだけでなく、決勝の試合前には英語ディベートの効用に関するレクチャー、試合後には論題に関する背景知識のレクチャーを入れるなど、ただ試合をしてそれだけで終わりにするのではなく、英語ディベート大会を通して、自分たちのやっている活動の意義を学び、また論題に関する知識を広げるような工夫がなされていました。私はこのレクチャーのためのゲストスピーカー・招待ジャッジとしてお招き頂いたのですが、非常に活気のあったこのイベントの様子を今でも鮮明に覚えています。

❷ 英語ディベートを活用した国際交流（オンライン）

　また、英語ディベートは学内の行事としてだけでなく、学外との交流イベントのためにも活用できます。学外との交流イベントというとちょっと大げさなイメージを持たれるかもしれませんが、今は気軽に使えるツールが

あります。それは、ZoomやGoogle Meet、Skypeといったオンラインツールです。こうしたツールがあれば、物理的に遠く離れていても、ビデオでお互いの顔を見ることができるので、face to faceで英語ディベートを行うことができます。

　英語ディベートはオンラインツールと非常に相性がよく、オンラインツールのおかげで英語ディベートはより活発に行われるようになりました。たとえば、2020年3月の緊急事態宣言以降、英語ディベートはオンラインツールが多用されるようになり、国内外を問わず、以前よりも練習会・大会が多く開催されるようになったほどです。実際、新型コロナ禍の影響で、さまざまな行事や活動が中止となり、何もかもが手探りだった中、英語ディベートに関しては、2020年3月の時点でオンラインを利用した高校生全国大会（44校もの学校が参加）が開催され、同年7月には74か国が参加する高校生世界大会まで開催されました。

　このように、英語ディベートはオンラインツールとは相性が良いので、それを利用して、国際交流を活性化することも可能です。「国際交流といっても具体的に何をすればよいのか困る」といった場合でも、広く世界中で実践されている英語ディベートを利用すれば、活気のある交流ができるのではないでしょうか。また国際交流だけでなく、国内においてもオンラインを活用して、近隣の学校や他県の学校などとの交流も可能になります。国内の学校であれば時差もないので、授業内で一緒に英語ディベートをすることもできます。このようにオンラインツールが普及しつつある現在、オンラインでの英語ディベートを通して交流するのも、一つの有効な教育手段になりえます。

第 **3** 章 指導編

第3章では、実際に英語ディベートを指導する際に
注意しなければならない点や指導方法についてご説明します。
はじめに授業英語ディベートと競技英語ディベート、
それぞれの指導についての注意点を述べていきます。
次に、本書の中で最も重要なメッセージの一つである
「人間教育としての英語ディベート」という観点から
英語ディベートをどう捉え、どう指導していけばよいか
についても述べていきます。そして最後に補足として、
実際に英語ディベートを導入する際に
どのような年間スケジュールで行えばよいかについて、
授業英語ディベート、競技ディベートそれぞれについて
言及します。

1 | 授業英語ディベートの指導

　ここでは、授業で英語ディベートを行う際に注意すべき点について述べていきたいと思います。近年、英語ディベートを授業で実施したいと思っておられる先生方も、実際に行っている先生方も多くなってきましたが、一方で、「ただ試合をやって終わり」「形だけディベートになっているにすぎない」といった声も多く聞かれます。したがって、英語ディベートという活動を実りあるものにするためには、さまざまなことに注意しながら適切な指導をしていくことが求められます。

　そこで、「ディベート前（その1：事前の土台づくり・その2：事前の仕組みづくり）」、「ディベート中（その1：姿勢と態度・その2：表現方法）」、「ディベート後」の三つの段階（五つのポイント）に分けて、調査型・即興型、それぞれのスタイルに共通する指導の仕方や注意点などについて述べていきます。

❶ ディベート前 （その1：事前の土台作り）

　まず、英語ディベートを実りのある活動とするためには、英語で考えを主張し、反論したりしながら議論することに慣れるための土台づくりをすることが重要です。そもそも日本語で議論をすることにさえも慣れていない生徒や、英語を話すこと自体を苦手としている生徒にいきなり英語ディベートをさせることは、生徒に苦痛しかもたらさないでしょう。ですので、少なくとも英語ディベートが苦痛でなくなるための、また欲を言えば楽しめるようにまでなるための土台づくりが非常に重要になります。そこで、具体的にどのような土台づくりができるのかについて、以下の三点を紹介します。

1. 個々のスキルを段階的に身につける

2. 議論することに慣れる（日本語で議論する）

3. 議論の考え方や方法を学ぶことがなぜ重要かつ必要なのかを理解する

1. 個々のスキルを段階的に身につける

　まずは、議論をするための個々のスキル（立論や反論など）を段階的に身につけることが必要です。前章でも述べましたが、そもそも立論・反論の型が分からなければ、ディベート中に何を話したらよいか分からないという状況に陥ってしまうでしょう。英語ディベートの試合では、さまざまなスキルを同時に活用することが求められるので、まずはその個々のスキルをきちんと身につけておくことが必須です。そのためにも前章で紹介したような段階的アクティビティを通して、段階的にスキルを身につけることが大切なのです。

2. 議論することに慣れる（日本語で議論する）

　いきなり英語で議論をするとなると難しいと感じる生徒もいる可能性があるので、必要に応じて、日本語で議論をすることもよい方法です。最近は、国語や社会の授業でもディベートを行う機会が増えてきたようですが、それでもまだ議論する文化が日本に定着しているとは思えません。そこで、英語でいきなり議論をするのではなく、日本語でディベートを行い、議論の考え方や方法をまず学ぶようにすると、よい導入になります。また、そうすることにより、議論をすること自体に慣れ親しみ、構えずに議論ができる雰囲気をつくることができるでしょう。

3. 議論の考え方や方法を学ぶことがなぜ重要かつ必要なのかを理解する

　ディベート活動を行う前に、議論の考え方や方法を学ぶことがなぜ重要であり、またなぜ必要なのかについて理解しておくことが大切です。グローバル社会においては、冷静に論理的な議論ができることは必要不可

欠なスキルとなるので、議論の考え方や方法を学ぶことはますます重要になっています。そうした理解のもとにその重要性や必要性を最初に周知しておくことは、議論をすることに対する抵抗感をなくすと同時に、議論をすることへの動機づけにもなるので、大切なことなのです。

❷ディベート前（その2：事前の仕組みづくり）

　次に、英語ディベートを実際に行うために重要なことは、英語や議論が苦手な生徒でも英語ディベートを楽しめるための仕組みづくりです。英語ディベートは簡単な活動ではないので、生徒のレベルに合わせてさまざまな工夫をしなければ、苦痛を伴うだけの活動になってしまい、ディベートだけでなく英語までも嫌いになってしまうかもしれません。そのため、さまざまな仕組みを工夫することによって、ディベートをより親しみやすく、また楽しめる活動にしていくことが重要なのです。では、具体的にどのように仕組みをつくればよいのか、その方法について、以下の三点を紹介します。

1. 単語シート／表現リストを事前に配布する
2. 論題を工夫する
3. 試合形式を工夫する

1. 単語シート／表現リストを事前に提示する

　まず、英語が苦手な生徒が多い場合は、補助となるプリントを準備するとよいでしょう。論題についての英単語や英語表現などを事前に教えておくと、英語が苦手な生徒でもスムーズに議論ができるようになります（ただし先述のように、単語シートを闇雲に配布することは生徒の発想力を奪ってしまう可能性がある点については注意が必要です）。また、ディベートにおける立論、反論、再反論など、話す手順が書かれたスピーチシート（中川, 2018）や、論理的

な表現リスト一覧（「主張」をするための表現や「例示」の英語表現がまとめられたプリント）を配布することも事前準備に役立ちます。

論題を工夫する

　論題を工夫することも重要です。たとえば、最初のうちは生徒にとって関心がありそうな論題を選んだ方が、立論のアイディアが出やすくなるでしょう。（「バレンタインデーにチョコレートを贈る慣習は止めるべきか」や「宿題を廃止すべきか」など）。一方、知的好奇心を高めたり、自分の知識の足りなさに気づくきっかけを与えたりするために、あえて生徒があまり知識を持っていないような論題で英語ディベートを行うことも、教育的効果を考えたときには必要かもしれません。

試合形式を工夫する

　試合形式について、授業で英語ディベートを行う際には、必ずしも競技ディベートの公式ルールにこだわる必要はなく、生徒のレベルや目的に応じてオリジナルなルールにした方がよいでしょう。たとえば、ディベートに全く慣れていない場合などには、一人一人の準備時間を多めに取り、スピーチ時間も短くするなどの工夫が必要になります。

❸ ディベート中（その1：姿勢と態度）

　続いて、試合中に注意すべきことに関して、ここでは主に二つの点について述べていきます。まず一つ目は、英語ディベートに対する姿勢や実践中の態度に関するものです。第1章1で述べたように、英語ディベートに関しては、誤解に基づく偏見が根強くありますので、英語ディベートを実践する上で必要な心得や注意事項などを事前に確認することは大変重要です。そうしたことを伝えることによって、英語ディベートを参加者全員が楽しめる学びの多い活動にしていくことができるからです。そこで

ここでは、生徒に注意すべきこととして伝えるべき四つの事項を紹介します。

1. 人格批判を決してしない
2. 相手と言い争うのではなく、第三者を説得する
3. 差別的な発言に注意する
4. 勝ち負けにこだわりすぎない

1. 人格批判を決してしない

　議論をする上で基本的なマナーを守ることが大切なのは言うまでもありませんが、特に議論において人格批判をしないというマナーは絶対に重要です。第1章1で述べたように、英語ディベートは「立場を選べない」のが特徴ですので、議論の中で話された内容は、話者その人の本音ではないということをよく理解しなければなりません。したがって、議論内容と話者の人格とを結びつけないということが重要なのです。

　また、試合が終わったあと、英語ディベートの中で議論された内容についてとやかく批判的なことを言わないことも大切なマナーです。そうでないと、批判を気にせずに安心して議論や主張をすることができなくなってしまいます。絶対に人格批判をしないためにも、英語ディベートの議論の中での主張は、あくまでも英語ディベートの中だけのものであるという認識を参加者全員で共有する必要があるのです。

2. 相手と言い争うのではなく、第三者を説得する

　第1章1でもすでに述べたことですが、英語ディベートは相手側を批判したり言い負かしたりするのではなく、あくまでも第三者を説得することを目的とした活動であるということを、初心者にはしっかりと伝えておくことがとても重要です。その前提がないと、ついつい対戦相手との言い争いになってしまうからです。また、第三者を説得するという意識を持ってディ

ベートを行えば、アイコンタクトやジェスチャーなどによる非言語コミュニケーションの重要性を自然と知ることにもなるので、そうした教育的効果を得ることにもつながるでしょう。

3. 差別的な発言に注意する

　ディベートの試合に熱くなってしまうと、どうしても差別的な発言や人を傷つけるような発言をしてしまうことがあります。また、意図しなくても、表現が差別的になることがあります。たとえば、「高齢者は社会に貢献できない」「移民の人たちは犯罪に多く関与する」など、無意識に差別的な発言が出てきてしまうことがあります。英語ディベートでは、センシティブな問題をトピックにすることがあり、注意していないと、ついつい気づかぬうちに差別的な発言をしてしまうことがあるので、このことに関しては注意の上にも注意が必要です。一方で、英語ディベートを行うことは、どのような発言や表現が「差別的なものになってしまうのか」ということを知るよい機会にもなりますので、注意深く取り組めばディベートを差別について考えるよい学びの場とすることも可能です。

4. 勝ち負けにこだわりすぎない

　ディベートをするとどうしても、試合の勝ち負けにこだわってしまうことがあります。そうすると、なかなかうまくできない生徒が辛い思いをしたり、また、自分たちに対して負けの判定をしたジャッジからは何も学ぼうとしなかったりということがあります。特に授業においては、勝つことを目的に英語ディベートを導入しているわけではないので、勝ち負けばかりに意識が行かないように指導することが必要です。たとえば、相手を尊重し、健闘を称えるために、マナーとして試合終了時に仲良く握手をさせるなどのこともよいかもしれません。実際に英語ディベート大会などでは試合終了時に握手が行われています。

❹ ディベート中 (その2 : 表現方法)

　試合中に注意すべきことの二つ目は、表現方法 (どのように第三者に議論の内容を伝えるか) にかんするものです。英語ディベートというと、つい議論の内容だけに目が行きがちですが、その内容をどう伝えるのかということも非常に重要です。たとえ内容がよくても、それが第三者にうまく伝わらなければ何の意味もないからです。授業で英語ディベートを実践する場合、英語ディベートに慣れていない生徒が多いので、特にこの表現方法に関することは重要です。そこでここでは、表現方法に関して特に重要な点を三つ紹介します。

1. **アイコンタクト**
2. **ジェスチャー**
3. **話すスピード**

1. アイコンタクト

　まずはジャッジに対してアイコンタクトをするように心がけなければなりません。アイコンタクトは自分の言葉を伝える上で重要な手段となるので、ジャッジを説得する英語ディベートにおいては非常に重要です。

　ただ実際には、残念ながら、スピーチをする際に準備段階で作成した原稿を読み上げることに精一杯になってしまっている生徒をよく見かけます。原稿は必要ですが、それをただ読み上げるだけでは、言葉が伝わりにくくなってしまいます。ジャッジの目を見て、自分の想いを伝えることが大切です。

　さらに、アイコンタクトをすることには、自分のスピーチをジャッジがどの程度理解してくれているか (どこを分かって、どこが分かっていないか) を判断できるというメリットもあります。こうしたことから、アイコンタクトをつねに意識してスピーチをさせることが大切です。

2. ジェスチャー

アイコンタクトと同じく、ジェスチャーも他者を説得する上で重要なスキルとなります。言語コミュニケーションよりも、ジェスチャーなどの非言語コミュニケーションの方がメッセージを伝えられるという研究結果もあるので、説得という観点においてはジェスチャーも必要不可欠なものです。

先述のように、原稿を読み上げることで精一杯になってしまってジェスチャーを欠いてしまうと、言葉を伝えるという上ではマイナスになり、ジャッジを説得することが難しくなる可能性があります。自分の考えをジャッジによく理解してもらうためにも自然にジェスチャーが出るように、生徒にふだんから意識させるとよいでしょう。

3. 話すスピード

生徒がジャッジに自分のスピーチ内容をよく伝えるためには、話すスピードに注意させることも大切です。話すスピードを上手にコントロールできるディベーターのスピーチは、ジャッジにとっても理解しやすいものであり、説得力を持っています。

ただ、実際の試合では、準備段階で考えた内容をすべて言おうとして、ついつい早口になってしまう生徒がいます。こうなってしまうと、ジャッジにとってスピーチ内容を理解することが難しくなり、ジャッジを説得するという点ではマイナスになってしまいます。ですので、ジャッジに自分のスピーチ内容をしっかり理解してもらうためには、ジャッジが聞き取りやすい（メモを取りやすい）スピードのスピーチをさせることが大切です。

また、自分のスピーチの中で、強調したい点についてはゆっくり話したりするなど、話すスピードに変化をつけることも重要です。そのようにすることで、自分のスピーチ内容の中でも特に覚えておいてもらいたい点をジャッジにアピールすることができるからです。ジャッジがすべてのスピーチ内容を理解し、記憶することは不可能なので、話すスピードに変化をつけ、大事なポイントをジャッジに印象づけるようにすることを生徒に心が

けさせるとよいでしょう。

❺ ディベート後

　英語ディベートは、試合が終わればそこですべてが終了というわけではなく、その後の反省や検討が大切で、それによって、より学びの多い活動となります。具体的には以下の三つを行いましょう。

1. **ジャッジング**
2. **リフレクション**
3. **アウトプット**

1. ジャッジング

　ジャッジングはディベートにおいて非常に重要な要素です。それは選手にとって、勝敗が決まるからというだけでなく、第三者であるジャッジからのコメントによって、自分では気づかなかった欠点を知ることができるからです。また、ジャッジ自身にとっても、試合中の議論を聞き取ることはもちろん、勝敗を決めるだけでなく、選手へのアドバイスを求められることから、ジャッジをすることはコメントをする力を鍛える上で非常によいトレーニングとなります。ジャッジングの方法に関しては、第2章1で詳しく書きましたので、そちらを参照していただきたいのですが、授業においてもジャッジングの時間を入れることはとても重要です。最初のうちは、教員がやってもよいのですが、可能であれば、生徒にジャッジをさせることで、上記のような学びの場を作ることも有意義です。

2. リフレクション

　次に、せっかくあるトピックに関して議論したのですから、それを利用し学びの機会とするための復習が重要です。たとえば、一つのクラス内

で複数の英語ディベートを同時進行で行ったのであれば、各試合でどのような立論のアイディアが出たのかをクラス全員の知識として共有することも大切です。そのことにより、生徒各自の視野を広げることができるからです。またそれと同時に、議論を行ったトピックに関しては興味関心が高まっていますので、その内容に関する英文を読ませたり、動画を見せたりすることで、リーディング力・リスニング力を高めることもできます。

3. アウトプット

　ディベート後に、ディベート以外のアウトプットをすることも非常に効果的な学習の機会となります。たとえば、あるトピックについてディベートをしたあと、そのトピックに対して自分は実際にどのように考えているのかを英文で書くように促せば、ライティング力の向上にもつながります。また、全体の議論を自分なりに整理することで、知識の整理にも役立ちます。さらには、このように最後に自分の意見を述べさせることによって、自分の意見をディベート中に言えなかったときのフラストレーションを緩和することもできると三上 (2019) は述べています。

2　競技英語ディベートの指導

　ここでは、競技英語ディベートを指導する際の注意事項について述べていきたいと思います。先述のように、全国大会への参加校は年々増加し、競技英語ディベートは現在広く盛んになりつつあります。

　しかしその一方、教員、つまり顧問の先生方からは、どのように指導したらよいのかわからないと言った相談をたくさん受けます。自分自身に英語ディベートの経験がないと、よい指導ができないのではないかと思って

しまいがちですが、経験の有無にかかわらず、効果的な指導をすることは可能です。実際、競技英語ディベートの経験がない先生でも、すばらしい指導をなさっている方が私の身近にもたくさんいらっしゃいます。そこでここでは、生徒の力を伸ばすための効果的な指導を行うために、指導の考え方や具体的な練習方法について、事前調査型英語ディベートと即興型英語ディベートそれぞれについて紹介します。

競技における事前調査型英語ディベートの指導

　まずは競技としての事前調査型英語ディベートに関して、指導する際の基本的な考え方や練習方法を以下に五つ紹介します。

❶ リサーチ方法／引用方法を指導する
❷ 論題に関する概要をつかむ
❸ 論題に関するアイディア（立論）をさまざまな想定をして考える
❹ 戦略を練る（相手の立論・反論を想定し、どう議論を進めていくかを考える）
❺ 事前に英語を話す機会をつくる（即興型英語ディベートを取り入れる）

❶ リサーチ方法／引用方法を指導する

　事前調査型英語ディベートにおいてまず大事なことは、提示された論題に関する情報収集と調査を適切に行うための方法と、有効なエビデンスを見つけた際の適切な引用方法を指導することです。前者については、この知識がないと、非効率な情報収集になってしまい、時間を無駄にしてしまいます。高校生たちを見ていると、自分たちが知りたいと思っている情報になかなかたどり着けず、苦しんでいる状況を実際によく目にするものです。たとえばGoogleには、＋検索（検索する際に複数単語を記入することによって、それらの単語が全て含まれたサイトが表示される）や－検索（検索をする際に表示してほしくない単語を記入することによって、その単語が含まれていないサイト

が表示される）など、効果的な検索方法がたくさんありますが、そうした検索方法を最初に教えてあげることによって、効率的な情報収集ができるようになります。

　また、適切な引用方法については、この知識がないと信憑性のないエビデンスを使ってしまったり、他者の意見を自分たちの都合のよいように曲解してしまったりする危険性があります。そうしたことを防ぐために、最初の段階できちんと指導することが重要になってきます。

❷ 論題に関する概要をつかむ

　論題が発表されると同時にいきなり立論を考えるのではなく、まずは論題に関する概要をつかむことが大切です。概要をしっかりつかんでいないと、よい立論を考えることができないばかりか、相手チームから自分たちの想定していなかった立論が提示された場合に対応できないことになるからです。さらに、概要をつかむことは、英語ディベートの試合に勝つこと以外にも、今社会でどんなことが問題となり、議論になっているかを知ることになるので、問題意識の向上にもつながります。

　概要のつかみ方に関しては、インターネットの利用も考えられますが、その情報だけに頼るのではなく、概論としてまとめられた書籍などを読むことも大切です。インターネットの情報だけでは偏りのあるものになってしまう可能性があるからです。新書は、学生や初心者にも分かりやすく書かれていることが多いので、そうした書籍を利用してもよいでしょう。

❸ 論題に関するアイディア（立論）をさまざまな想定をして考える

　論題に関する概要がつかめたら、次は肯定側／否定側でどのような立論が可能かを、あらゆる想定のもとに考え尽くすことが大切です。その理由は二つあります。まず、できるだけ多くのアイディアを考えることで、どの立論が強いのかを比較し、自分たちがどの立論を採用すればよいのかを判断することができるからです。さらに、立論が決まれば、その立論を証

明するために必要なエビデンスが明確になるので、エビデンス探しを効率的に行うことができます。これは、闇雲にエビデンスを探すよりも、圧倒的に時間の節約になるのでおすすめです。

二つ目の理由は、できるだけ多くの立論を考えることによって相手チームの出方が読めるようになり、反論の準備を効率的にできるようになるからです。反論担当のスピーカーは、相手チームがどのような立論を提示してきたとしても、対応しなくてはならないので、事前にできるだけ多くのアイディアを考えておくことが大切です。

❹ 戦略を練る（相手の立論・反論を想定し、どう議論を進めていくかを考える）

自分たちの立論を完成させ、相手の立論を想定するのと同時に大切なことは、戦略（相手の立論・反論を想定し、どう議論を進めていくかを考える）を練ることです。自分たちの立論を守ることについては、どのような反論が相手から来るだろうかとさまざまに想定しておくことが重要です。そうすることで、そうした反論に対してどう反論するか（再反論するか）を考え、それに基づいてエビデンスを探すことができるからです。

また、相手の立論を崩すことについても、相手チームが提示してくるであろうと思われる立論をできるだけ多く想定し、各立論に対してどのように反論し、また比較として自分たちの立論の方が優れていることをどのように説明すればよいかを考え、準備することが重要です。スピーカーの中の最後の役割である総括を担当する人は、試合の中では即興的に対応しなければならないことが多くあるので、こうした戦略を事前に練り、必要であれば、ある程度原稿を作っておくことで、的確な対応をすることが可能になります。

❺ 事前に英語を話す機会を作る（即興型英語ディベートを取り入れる）

最後に重要なことは、競技を行う前に必ず英語を話す機会を作るということです。この点に関しては、英語ディベートなのだから当然だろうと思

われるかもしれませんが、事前調査型の英語ディベートにおいては、大会前のエビデンス探しが重要になるので、通常練習がエビデンス探しに終始してしまうということが多々あるのです。そうすると、本来重要である英語のトレーニングが疎かになってしまい、せっかくよいエビデンスを見つけることができても、英語でそれをうまく表現できないということになる可能性があります。したがって、エビデンス探しと同時に、定期的に英語を話す機会を設けることが準備として重要になってくるのです。

　具体的には、英語を話す機会を多くするために即興型英語ディベートを練習に取り入れるという方法があります。これは、即興的対応力を鍛えることが事前調査型英語ディベートにおいても重要だからです。事前調査型英語ディベートといっても、質疑応答や反論（再反論）、総括においては、即興で対応しなければならないことが通常なので、そうした力を育てるために、練習として定期的に即興型英語ディベートを取り入れることが効果的です。また、即興型英語ディベートであればさまざまなトピックで議論ができるので、気分転換になるだけでなく、事前調査型のトピックを客観的かつ多面的に検討することもでき、新たなよいアイディアが浮かぶ可能性もあります。

競技における即興型英語ディベートの指導

　続いて、競技としての即興型英語ディベートに関して、指導する際の基本的な考え方や練習方法を以下に五つ紹介します。

❶日頃からさまざまな情報や知識を幅広く蓄えておく

❷日頃から本を読み教養を深めておく

❸試合が終わった後の復習を習慣づける

❹お手本となるスピーチの動画を視聴する

❺準備時間の中でアイディアを生み出す練習をする

❶ 日頃からさまざまな情報や知識を幅広く蓄えておく

　即興型英語ディベートにおいてまず重要なのは、日頃からさまざまな情報や知識を蓄えておくことです。即興型という名前に惑わされて、ついつい事前に準備しておくことを忘れがちになりますが、やはり日頃からさまざまなニュースを見聞きし、新聞に目を通すなどして、情報や知識を幅広く蓄えておくことが非常に重要です。そうした積み重ねをしておかないと、さまざまな論題に対応できず、いつまでもたってもディベートが上達しないということになってしまいます。

　ここでは情報や知識を蓄えるための二つの方法を紹介します。一つ目は、日常的に自分が気になるニュースや新聞記事からできるだけ多くの時事知識を得て蓄えておくことです。そうすれば、それによって得た情報や知識が将来試合で具体例として使えるかもしれないからです。また、そうしたニュースから、オリジナルの論題を自分で考えてみることも、論点を整理する上で非常によい練習になります。

　二つ目は、情報や知識をテーマごとに仕分けしてノートに書き留めておくことです。たとえば、政治、経済、環境などといったテーマごとに、そこで使われている専門用語や実際に問題になっていることをノートにまとめておくと、それぞれのカテゴリー別にさまざまな論題に対応するための資料となります。また、ある事柄について（たとえば、男性と女性でどれぐらいの給与格差があるのか、日本の貧困率はどれぐらいなのかなど）、実際の数値などを知っていれば、立論をより説得力のあるものにすることができるでしょう。

❷ 日頃から本を読み教養を深めておく

　情報や知識を蓄えることももちろん重要ですが、教養を深めておくことも非常に大切です。当然のことですが、教養を深めるための方法は無数にあるわけですし、また、何を教養とするのかも議論の分かれるところでしょう。ここで言う教養とは、あくまでもディベートとの関連において必要な教養を意味します。そしてその教養を深めるためには、日頃から本をよ

く読むことが大切です。

　では、どのような本を読めばよいのかということですが、ここでまずおすすめしたい本はマイケル・サンデル著の『これからの「正義」の話をしよう─いまを生き延びるための哲学』(早川書房、2010)です。この本は、ハーバード大学のサンデル教授が、大学の授業で実際に行った授業内容をまとめたもので、政治哲学・倫理学に関するものです。最近は本書の内容について批判的な意見もあるものの、この本の中で扱われているトピックは、まさに即興型英語ディベートの論題に関わるものばかりなので、さまざまな考え方を学ぶことができると同時に、読み進めながら提示された問題について自分自身でも深く考えられるようになります。

　次におすすめしたいのは、中学校の「公民」そして高校の「政治経済」「現代社会」「倫理」の教科書・参考書です。現代社会について議論することの多い英語ディベートにおいて、こうした教科書・参考書に書かれていることがらは、どれも議論をする上で最低限知っておくべきものばかりです。特に予備知識がなく、なかなかよい議論ができないと苦しんでいる生徒には、とても役に立つものだと思います。

　また、即興型英語ディベートではさまざまな論題が提示されますので、「世界史・日本史」「地理」「現代文」など、他のあらゆる教科書で得た教養も同様に深く考えるための一助となるでしょう。また、大学生向けの各学問に関する入門書や新書も、英語ディベートの参考になるだけでなく、大学で学ぶ学問への関心を高めることにもつながるので、おすすめです。その他、自分が興味や関心を持った本であれば、どのようなジャンルのものであっても読書が無駄になることはありません。

❸試合が終わったあとの復習を習慣づける

　次に重要なことは試合のあとで必ず復習をすることです。毎回トピックの異なる即興型英語ディベートにおいては、この点も忘れがちですが、やはり復習をきちんと行うことで、着実に力を伸ばすことが可能になります。

では、具体的にどのようなことを復習すればよいのでしょうか。一つは試合で発言した内容に基づいたスピーチを繰り返し行うことです。試合の時にうまく言えなかった表現や、説明の論理がおかしかったところを修正し、何度もスピーチを繰り返すことで、論理的な表現力を養うことができます。第2章1で触れましたが、繰り返し同じ内容のスピーチをすることは、流暢性などの英語力を鍛えることにもつながります (Bygate, 2011)。強豪校の英語ディベート部に所属する生徒が、数か月後すぐに、3分、7分、8分のスピーチを流暢に話せるようになるのは、こうしたトレーニングをしているからです。何度も繰り返しスピーチをすることで、英語の表現や論理性が自然と身につき、スムーズに話せるようになるのです。また、ただスピーチ練習をするだけでなく、自分のスピーチを録音して、自分で聞き直してみることも効果的です。こうすることで、自分の表現や発音の癖、論理的に説明が不十分な点などに気づくことができ、それがスピーチ力の向上につながります。

　もう一つ重要な点は、スピーチだけでなく、論題の背景知識についても復習することです。例えばWikipediaでもよいので、論題に関する項目を読み、簡単な復習を行い、実際にはどのような問題があり、また、どのようなことが議論の争点になっているのかをきちんと整理し、検討することが大切です。

　さらに、試合においては、肯定か否定いずれか片方の立場でしか議論をしていないので、試合後の復習としては、両方の立場からどのような議論が可能であったかについて、あらためて考え直すことも重要です。そうすることで、さまざまなタイプの議論を組み立てられるようになるだけでなく、多面的にものごとを検討できるようにもなるからです。

❹ お手本となるスピーチの動画を視聴する

　普段からできる練習方法としては、お手本となるスピーチをできるだけ多く視聴することが挙げられます。お手本になるスピーチとは、YouTube

などでも見ることができる実際の大会のスピーチのことです。第1章3でも述べたように、即興型英語ディベートは、世界中の人々が行っている競技ですから、さまざまな試合の動画がYouTubeに上げられています。それらを見て学ぶことが上達の近道となります。そうした動画を視聴することで、表現方法や議論の方法だけでなく、議論の内容についても学ぶことができるからです。また、英語が苦手な場合も、YouTubeでは、ほとんどの動画で「字幕」を表示することができたり、「再生速度」を変えたりすることができたりするので、そうした機能を有効に使い、英語学習のために利用してもよいかもしれません。

　動画の中で著者のおすすめは、WSDC（高校生世界大会）の動画です。もちろん、これは世界トップクラスの高校生のための大会なので、使われている表現も内容もかなり高度で、最初はなかなか内容を理解できないかもしれません。しかし、これが同世代の世界最高峰の英語ディベートなのだと生徒が知ることによって、同世代のトップとの差を実感することができます。そしてそれが、学習への高いモティベーションになり、生徒自身の成長にもつながると思います。たとえば、2018年・2019年の高校生世界大会日本代表チームの一員であった中山隆起君（聖光学院中学・高等学校卒）は、日本代表に選出される以前から世界大会の動画をずっと見続けていたそうです。実は当時、彼の学校には英語ディベート部がなかったため、練習の機会もあまりなく、他校の英語ディベート部の生徒のように大会にも参加することができませんでした。ただ、それでも動画を一人で見続けて研究を重ねた結果、日本代表チームのメンバーに選出されただけでなく、世界大会本番では、「日本からすごいディベーターが出てきたぞ！」と噂に上るまでになったのです。

❺ 準備時間の中でアイディアを生み出す練習をする

　即興型英語ディベートの特徴として、限られた準備時間の中で相手よりも優れた立論を提示しなくてはいけないということがあります。つまり、

試合の勝敗は、限られた準備時間の中でどれだけ優れた立論を考えつくかどうかにかかっていると言っても過言ではありません。そこで、限られた準備時間の中でもそうした立論を生み出すための練習が重要になってきます（これはプレパレーションの練習であることから、略してプレパ練と呼ばれたりします）。

　具体的には、時間と論題を決めて、実際の試合のように立論を考えるようにします。より効果的にこの練習をするためには、実際の大会よりも準備時間を短くして、より厳しい条件で立論のアイディアを出すようにしたり、自分たちの話し合いの仕方や生み出したアイディアに改善点がないかをチェックするために第三者に準備中の話し合いを見てもらったりしてもよいでしょう。

　もし第三者がいない場合は、YouTubeなどの動画に上がっている実際の試合と同じ論題で立論のアイディアを考え、その後に動画を視聴して自分たちの考えたこととどのように違うかを比較するといったやり方もできます。この練習は、一人あるいは少人数でもできるトレーニングなので、メンバーが集まらず試合ができない場合に、こうした練習をしてみるとよいでしょう。ただ、この「アイディアを生み出す」ことについては、非常に重要な点である一方、最初はなかなかうまくいかないと思うので、以下に補足として、アイディアを生み出すための思考法を紹介します。

補足：短い準備時間の中で立論や反論のアイディアを生み出すための思考法

　限られた時間の中で優れた立論や反論のアイディアを生み出すためにはさまざまな方法論がありますが、ここでは競技ディベーターとして活躍している人ならおそらく誰もが最低限意識していることを紹介します。それは、準備時間の中で「論題に含まれる単語」「論題に関連する人々」「具体例・類例」「相手の立論・反論」の四つの点について考えることです。それぞれ具体的に見ていきます。

1. 論題に含まれる単語を分析する

　まずは論題に書かれた各単語を吟味、分析することが大切です。一つ一つの単語を詳しく分析することによって、立論や反論のアイディアを生み出していきます。例えば、We should ban tobacco.（私達はタバコを禁止すべきだ）という論題の場合、「Weとは誰か？（政府？）」「なぜbanなのか？（規制強化ではだめなのか？）」「なぜtobaccoなのか？（他の嗜好物と何が違うのか？）」といったように、それぞれの単語を詳細に分析すれば、どのような論点について話すべきかがわかり、立論や反論のアイディアが浮かび、それを検討することによって優れた立論や反論を生み出すことができます。

2. 論題に関連する人々について検討する

　また、論題に関連するのがどういった人々なのかをよく考えることも大切です。たとえば、「We should ban tobacco.（私達はタバコを禁止すべきだ）」という論題の場合、関連する人々とは、政府、喫煙者、非喫煙者、タバコ産業に関わる人々などを想定できますが、具体的にどのような人物を対象として話すべきなのかが明確になれば、より具体性を持った立論を作ることができます。さらに、相手チームがどの人々を対象にして立論を作ってくる可能性が高いか、それを想定することもできます。つまり、論題にかかわる人々についてできるだけ多く考えることが大切です。

　それと同時に、各人物をさらに分類できないかを考えることも重要です。たとえば、「喫煙者」といっても、1日に嗜む程度に喫煙をする人と、中毒のように喫煙をするヘビースモーカーでは状況がまったく異なります。つまり、関連する人々を考える際には、できるだけ多くさまざまな人々について考えるだけでなく、その人々をさらに細かくカテゴリー分けできないか考えてみると、いろいろなアイディアが浮かびやすくなります。

3. 論題に関わる具体例・類例を探す

　次に、論題に関わる実際の事例を示すと、立論や反論が具体的にな

り、説得力が増します。例えば、単に「タバコは健康に悪い」と述べるのではなく、タバコに関する問題の具体的事例を示せれば、立論の中で具体性をもたせることができます。

　また、類例も非常に重要です。たとえば、現在すでに「禁止されているもの」には何があるかを考え、それが「なぜ禁止されているのか」という理由を考えることで、タバコを禁止すべき理由も明確になり、それを立論の中に組み込むこともできます。

4. 相手の立論・反論を想定する

　相手がどのような立論・反論を出してくるか、それを想定することも重要です。ディベートは相手ありきの競技なので、自分たちの立場の立論だけを考えていても、深い議論はできません。たとえば、準備の段階で、相手の立論をさまざまに想定し、それに対してどのような反論が可能か、また、どのように自分たちの立論を相手の立論よりも説得力のあるものにするかなどを考えることで、立論や反論のさまざまなアイディアを生み出すことができます。

注意

　ここまで「競技ディベートの指導」について述べてきましたが、指導する上では「指導しすぎない」「教えすぎない」という点も大切です。矛盾しているように聞こえるかもしれませんが、英語ディベートにおいては、自分で立論や反論のアイディアを考え、自分でさまざまな議論に対応しなくてはならないので、発想力や自主性が非常に重要になります。たとえば、議論について、ついつい指導者が「こういうことを話さなくてはならない」「こういうことを議論しなくてはならない」と「詰め込み型」の指導をしてしまいがちですが、そうすると生徒のオリジナルな発想を潰してしまう可能性があります。また、部の運営についても、指導者があれこれ決めてしまうと、生徒自らが練習方法や練習計画を考える機会を奪ってしまい、生徒の自

主性を育てることができません。指導者はあくまでもファシリテーターあるいはサポーター役に徹するという姿勢を忘れないことも非常に大切です。

3 人間教育としての英語ディベートの指導

　最後に、人間教育としての英語ディベートという観点から、授業英語ディベートおよび競技英語ディベートに共通する指導について述べていきます。

　最近では、競技英語ディベートが盛んになり、大会に参加する学校が増えていますが、中には勝つことばかりを求めているように感じるチームも少なからず見受けられます。正直、私自身もときおり勝つことだけに執着してしまいそうになっている自分に気づくことがあります。勝ち負けが明確である英語ディベートだからこそ、ついつい勝敗に意識がいってしまうのかもしれません。しかし、英語ディベートにおいて勝つことだけが目的になってしまった場合、教育の一環としての活動であることを考えると甚だ問題だと思います。また先述のように、競技英語ディベートに限らず、授業英語ディベートにおいても、英語ディベートは発言内容によっては人を傷つけてしまうような問題点もあるので、やはり注意が必要です。

　ただその一方、注意深く英語ディベートを活用していけば、それが生徒の人格形成のためのよい助けになることは確かなのです。それはすなわち、人間教育として英語ディベートを活用することができるということです。そこでここでは、競技ディベートである事前調査型英語ディベート（HEnDA）のMake-Friends憲章と、即興型英語ディベートで採用されているEquityという理念を紹介したいと思います。

❶ Make-Friends 憲章

Make-Friends 憲章とは、HEnDA が提唱している理念で、以下がその詳細です。

高潔	勝っても驕らず、負けても潔くあります。自分の経験を生かし、より高い目標へと踏み出します。
探求	他のメンバーに知識を出し惜しみすることなく、知恵やディベート・スキルをつねに探求していきます。
フェア・プレー	大会ルールを守ることはもとより、最高レベルのフェア・プレーを心がけます。
協働	素晴らしい大会を作りあげることに積極的に協働する責任ある一員としてつねにふるまいます。
友情	この大会の真のゴールは勝敗ではなく、友情を育むことであることを理解し、他の参加メンバーに敬意を払います。

http://henda.global/mission/

これは大会に参加する際に、勝ち負けや、大会で優勝することだけにこだわるのではなく、ディベートの真の意義というものを大切にしてほしいという思いが込められた理念であり、開会式では必ず確認されます。

Make-Friends は資料にもあるとおり、この理念を大切にしながらディベートを行うことで、友情を育んでほしいという想いがこめられたものです。指導をする際には、教員が勝ち負けや技術だけに焦点を当てるのではなく、こうした憲章の存在をしっかりと伝えていくことが大切だと思います。

❷ Equity

Equity とは、世界中の即興型英語ディベートの大会や練習会において重視されている理念で、大会や練習会などで、参加者全員が楽しめるようにするためのものです。

大会によって文面などが多少異なりますが、参考資料として、実際に日

本の高校生の大会（SAD IV 2019）で用いられた Equity の一部抜粋を掲載しておきます。

Equity とは何か？（SAD IV 資料）

公平・中立で、他人に不快を与えない言動を心掛けること
偏見や差別、色眼鏡などで判断・発言しないこと
誰かが傷つくような否定的・攻撃的な言動をしないこと
ディベートを全ての参加者が楽しめるように、思いやりを持つこと

　大会の開会式では、大会のルールと同様に、Equity についての説明がきちんとなされます。参加者全員がこの理念を共有することが求められ、その確認もなされます。各大会によって少しずつ内容が異なることもありますが、基本理念としては「参加する人全員がディベートを楽しめるようにする」というものです。

　また、理念としての確認がなされるだけでなく、Equity コミッティーと呼ばれる組織が作られ、何か問題が起きた時に対応できる仕組みにもなっています。これは、過去にディベートの試合中に差別的な発言があったり、不平等な行為があったりしたために、それに対応する必要性が生じたことから生まれてきたものです。

　高校生の国際大会でも、Equity は非常に重要視されており、参加者全員が楽しめるようにしようとする努力がなされています。2020 年現在、日本の中高校生の大会では、まだ一部の大会でしか採用されていませんが、今後必ず採用する大会が増えることでしょう。

　競技ディベートに生徒を参加させる、あるいは、日ごろの練習をする際にも、試合中についつい熱くなって人を傷つける言動をしてしまうことのないように、この Equity の理念をきちんと理解させておくことが重要です。大切なことは、ディベートに参加するディベーターもジャッジも見学者も、すべての人が気持ちよくその競技に参加できることです。そうしたこと

から、参加者全員には、このEquityの理念を絶対に忘れないことが求められるのです。

❸ 英語ディベートを行うことの真の意義

　英語ディベートは近年さまざまな場所で活用されるようになり、普及が進んでいます。しかし、その一方で、普及している理由として、英語力が身につく、思考力が身につく、議論力が身につくといった英語ディベートによって得られる「スキル」や「能力」ばかりに重きが置かれすぎているのではないかという懸念を著者は持っています。実際、ディベートに関する書籍やワークショップでは、能力やスキルばかりが強調されすぎている感があります。そういう私自身も、本書において、スキルや能力について言及していますし、確かにそういうメリットはあるのですが、そうした点ばかりに目が行ってしまうと第1章で述べたような英語ディベートに対する偏見や誤解が、ますます強まっていくのではないかと危惧しています。実際のところ、今も学校教育において英語ディベートを行うことに批判的な方々が少なからずいるのは確かですし、教育上の意義に疑問を持っている方もいるのではないでしょうか。そうした疑念や危惧を払拭するためにも、英語ディベートを活用することは優れた「人間教育」でもあるのだということを指導する側がしっかりと理解している必要があります。

　先ほど述べたMak-Friends憲章やEquityを重視して実践される英語ディベートは、スキル以上に大切なことを学べる貴重な機会となります。Make-Friends憲章についていえば、ディベートを通じてフェア・プレー精神などを学ぶことができますし、Equityについていえば、他者への思いやりの大切さなどを経験的に学ぶことができます。

　実際、世界では、英語ディベートは人間教育の一環として立派な人格者を育てるために活用されています。たとえば、世界大会最多優勝校であるシドニー大学では、大きな大会に参加する際にはEquityに関する講義に参加することが義務付けられていますし、きちんとルールに従うことを

誓う誓約書まで書きます。また、高校生の世界大会でも、同じように、試合のルールだけでなく、大会に参加する上での規約があり、誓約書を提出する必要があります。

　注意を怠ると人の心を傷つけてしまう可能性のある活動である英語ディベートだからこそ、逆に注意深く行うことによって参加者が人間的に成長する機会とすることもできるのです。指導者として、英語ディベートを行う際は、こうしたことも意識することが必要です。たとえば、高校生世界大会の日本代表チームは、大会で結果を出すことだけでなく、親善大使としての日本代表という誇りと責任を持ってほしいと指導されています。そこには、将来において社会に貢献する人材となり、ソーシャルリーダーシップを存分に発揮してほしいという願いが込められているのです。こうした意味でも人間教育の一環として英語ディベートを行うことの真の意義を理解し、上手に活用することが今英語教育の現場には求められているのではないでしょうか。

参考：英語ディベート指導年間スケジュール案

　ここでは参考例として、授業ディベート・競技ディベート、それぞれの年間スケジュールを紹介します。もちろん、各学校によって状況や生徒のレベルは全く異なるので、下記の案はあくまでも一つの目安として参考にしてください。

1. 授業ディベートのスケジュール案

　まず、授業ディベートのスケジュール案を紹介します。ここでは学期ごとに分けましたが、状況によっては、これを年ごとと考えてもいいかもしれません。以下、三つの場合に分けて見ていきます。

1. 英語力があまり高くない・英語で議論する経験が全くない場合
2. 英語力が比較的高い場合・英語で議論をすることに比較的慣れている場合
3. 英語力がかなり高い場合・英語で議論することにかなり慣れている場合

1. 英語力があまり高くない・英語で議論する経験が全くない場合

1学期（1年目）：**論理的・説得的な立論を学び、その型と表現を身につける**

　やはり、議論の土台となる立論が、英語ディベートを行う上では重要になるので、じっくりと時間をかけても最初に基礎を身につけることが大切だと思います。第2章1で紹介したアクティビティなどを利用して、基礎となる立論をまず鍛えるのが第一歩になると思います。

2学期（2年目）：**反論／実際の議論を学び、その型と表現を身につける**

　反論はなかなか学ぶ機会がなく、いきなり反論をしろといっても簡単にできるものではないので、理論を学び、実践を重ね、的確な反論ができるようにするための時間をとることが重要です。第2章1で紹介したアク

ティビティを通して、反論する力を鍛えるとよいでしょう。また、反論ができるようになれば、立論と反論を交互に行い、英語ディベートにより近い形で議論をするのがおすすめです。さらに、この期間を通して議論とは何かを学べると、英語ディベートの実践によりスムーズに入れると思います。

3学期（3年目）：**英語ディベートを実践する**

上記のステップを踏まえて、いよいよ英語ディベートの実践です。もちろん、英語力を鍛える上では、上記のステップだけで十分だという考えもあるかもしれませんが、それらのステップは、一つひとつのスキルに特化しているので、英語ディベートという総合的なトレーニングを経験することで、より多くの学びがあると思います。

2. 英語力が比較的高い場合・英語で議論をすることに比較的慣れている 場合

1学期（1年目）：**基礎トレーニングを行う**

立論・反論などの基礎トレーニングをまず行い、英語で議論する上で土台となる力を養う時間を設ければ英語ディベートの実践がより実りのあるものになります。

2学期（2年目）：**事前調査型英語ディベートを実践する**

ある程度基礎が身についたら、事前調査型英語ディベートの実践を行ってみるのがよいでしょう。この型の方が準備により多くの時間を割けるため、英語や議論を苦手とする生徒に適しています。

＊即興型ディベートおよび事前調査型ディベート、どちらを先に行うかによって教育効果が異なる可能性があるという研究もあるので（久保、2019）、必ずしも「事前調査型から即興型」という順番でなければならないというわけではありません。

3学期（3年目）：**即興型英語ディベートを実践する**

事前調査型英語ディベートで議論する土台ができたら、準備時間の短

い、即興型を実践してみるとよいでしょう。第1章2でも述べたように、それぞれの型の英語ディベートにはそれぞれの特徴とメリットがあるので、それを活かすためにも、両方のディベートを実践すると効果的です。

3. 英語力がかなり高い場合・英語で議論することにかなり慣れている場合

1学期〜（1年目〜）

　英語力がすでに高く、英語で議論することにかなり慣れている場合は、さまざまな場面で英語ディベートを活用しましょう。毎回の授業で英語ディベートをやるわけには行かないかもしれませんが、たとえば、教科書の各章のあとに行う、定期テストのあとに毎回行う、行事として各学期末に行うなどさまざまな場面で実践してみるのがよいでしょう。

2. 競技ディベートのスケジュール案

　ここでは、部活動として英語ディベートを行う際の一年間の大まかなスケジュールを紹介します。もちろん、ここには書ききれなかった多くの練習会・大会などがありますが、ここで紹介した例によって一年間の大まかな流れはつかめるのではないかと思います。

＊本節の情報は2020年度現在のものです。

1学期

[新入部員勧誘]

　当然ですが、まずは新入部員を勧誘することが最初の大事な活動となります。英語ディベートはまだまだマイナーな活動で、知らない人も多くいるので、勧誘については、モデルディベートなどを実際に見てもらい興味を持ってもらうことから始めるのがよいでしょう。そうすることで英語ディベートの独特の雰囲気や面白みを感じてもらえると思います。

［基礎練習］

　新しい部員が入部したら、まずは基本的なスキルを学ぶことになります。第2章1で述べたような基本スキルや英語ディベートの形式とルールを知り、そして簡単な試合をこなすことで土台となる力を身につけていきます。経験豊富な先輩がいる場合は、その先輩が自身の学んだことを整理し、後輩にレクチャーをする環境を作ることができれば、お互いにとってメリットになるでしょう。

［大会参加／見学］

　1学期には新人向けの大会も多く開催されます。たとえば、事前調査型英語ディベートのHEnDA（All Japan High School English Debate Association）の形式で言えば、各地域でシーズン最初の大会が開催されていますし、即興型英語ディベートを主としているHPDU（High School Parliamentary Debate Union of Japan）の形式で言えば、「新緑杯／新芽杯」と呼ばれる新人向けの大会が開催されています。大会に参加すると英語ディベートの楽しさが分かるので、積極的に参加するとよいと思いますし、また、たとえ試合に出られなくても大会の雰囲気を知るために見学させることをおすすめします。

夏休み

［練習および練習試合］

　夏休みはじっくり練習ができる期間なので、事前調査型英語ディベートであれば、立論のためのエビデンスを探し、自分たちの議論を十分によく練る時間に充てることができますし、即興型英語ディベートであれば、さまざまな論題で練習してみるとよいと思います。また、夏休み期間中は時間的に余裕もあるので、他校との練習試合や練習会を行うのもよいかもしれません。

[大会参加]

　夏休み期間中にもいくつかの大会が開催されます。事前調査型英語ディベートのHEnDAの形式でいえば、1学期と同じく各地域で大会が開催されていますし、授業向けの即興型英語ディベートのPDAについては、夏合宿兼全国大会が開催されています。1学期に大会に参加できなかった場合は、こうした大会をデビュー大会とするのもよいでしょう。

[合宿]

　学校によっては、他の部活動と同じように夏合宿を行っているところもあります。その際、合宿先で日夜練習に励み、部内で練習試合なども行っているようです。私が以前顧問をしていた浅野中学・高等学校の英語ディベート部では、福島県にあるブリティッシュヒルズという英語トレーニング施設に部員を連れていきましたが、そこではディベート力向上だけでなく、英語力の向上にも努めていました。夏合宿は、もちろん練習のためではあるのですが、部員同士の友情を深め、部としてのチームワークを高めると同時に、よい思い出作りの場ともなるので、可能であれば積極的に実施されるとよいと思います。

2学期

[県大会 (全国大会予選)]

　2学期は、さまざまな練習会や大会が多数行われる英語ディベートにとって最も活気のある期間です。特に、HEnDAにおいては、全国大会の県予選が各県で行われるので非常に重要な時期ですが、事前調査型英語ディベートの大会ということもあり全国の各チームにとっては大会に向けた準備に最も熱が入る時期でもあります。

[全国大会 (HEnDA / PDA)]

　2学期後半は全国大会が続きます。先のHEnDAでは、県予選を勝ち

抜くと年末の全国大会に出場する機会を得ることができます。2018年度は64校が参加する大規模な大会になりました。また、PDA（Parliamentary Debate Personnel Development Association）でも66校が参加する大規模な全国大会が開催され、英語ディベートコミュニティにとっては非常に盛り上がる時期です。

3学期

［県大会／全国大会／国際交流大会］

　3学期は、即興型英語ディベートが盛り上がる時期です。たとえば、2学期末のPDAの全国大会で上位に入賞したチームは、PDA主催の世界交流大会という国際的な大会に参加する機会が与えられます。さらに、HPDU（High School Parliamentary Debate Union of Japan）については、全国大会に向けた県の予選があり、その県予選を勝ち抜いた学校が、3月に行われるHPDU全国大会（連盟杯）に出場することができます。さらに、一般財団法人のWaku Pro（ワクプロ）が行っているPDWC（Parliamentary Debate World Conference & Competition）という国際交流大会も例年2月にあり、世界中の高校生と英語ディベートをするチャンスもあります。

補足：高校生世界大会（WSDC）

　規模的にもレベル的にも世界最高峰である高校生の英語ディベート世界大会であるWSDC（World Schools Debating Championships）は、例年7月か8月に開催されます。この大会に参加するためには各国の代表メンバーになる必要があり、日本の場合はWSDC Team JAPANという日本代表チームのメンバーに入る必要があります（2020年度現在）。日本代表の選考会に関しては、12月か1月に一次審査、2月に二次審査が行われています。

インタビュー

中学・高校英語ディベートに多大な貢献をしている方々に
インタビューをさせていただきました。
まず「生徒編」では、高校生世界大会（WSDC）の
元日本代表として活躍した元高校英語ディベーターのお二人に
英語ディベートを通して得られたことについて語っていただきました。
次に「英語ディベート団体編」では、現在日本で大規模な
全国大会を開催している三つの高校英語ディベート団体の
代表者の方々と、高校生世界大会日本代表（Team JAPAN）の
チーム・マネージャーの先生に、
それぞれの団体の活動や目的を紹介していただきました。
最後の「授業実践編」では、
すでに授業の中で英語ディベートを実践しておられる
四名の先生方に、それぞれの授業で
どのように英語ディベートを実践されているかを
詳しく語っていただきました。

◆肩書などは 2020 年 12 月現在のものです。

中山隆起 さん

聖光学院高等学校卒／2018年度・2019年度高校生世界大会日本代表／
Princeton University 在学

1. 高校英語ディベートをはじめたきっかけは何ですか？

　初めて英語ディベートを経験したのは、高校1年の夏期講習での
「英語ディベート講座」という授業においてです。その講座を担当し
てくださった先生が英語ディベートの大会を紹介してくださり、その
大会に参加したことが英語ディベートを本格的に始めるきっかけとな
りました。最初、それほど乗り気ではなかったとはいえ、その大会
であまりよい結果が得られず、「悔しい！」という思いをしました。ま
さか、そんな悔しい思いをするとは思ってもいなかったので、そのこ
とが契機となり、もっと英語ディベートがうまくなりたいという思いを強
くし、さらには学校で同好会を立ち上げたいと思うようになったので
す。

2. 高校英語ディベートで学んだことは何ですか？

　まず、多くの情報を収集して、さまざまな知識を得る事の重要性を
学びました。いくらディベートのノウハウに習熟しても、知識が足りな
ければよい議論はできないと実感し、たくさんの情報に触れるよう
にしました。また、そのことを通して、今社会で何が問題になってい
るかを知ることができたのも非常によかったと思います。また、英語

ディベートは自主性が求められる活動であることから、日頃の練習においても、どのような練習をし、どのように大会に臨めばよいのかといったことを自分たち自身で考えなければならず、結果として、それが私自身の自主性を育ててくれたのだと思います。

さらに、世界大会に日本代表として出場したことで、他国の同年代の優秀な方々と出会えたことも貴重な経験となりました。世界大会で活躍する他国の選手たちは、英語力はもちろんのこと、パブリックスピーキング力が非常に高く、知識の多さや教養の深さにおいても、そのレベルの高さに圧倒されました。また、そうした能力以外でも、大会中の振る舞いや態度もしっかりしており、国の「代表」としての誇りを持ち、人格的にも優れた人たちであることを知りました。

3. 留学および現在の大学生活に関して英語ディベートが役立ったことは何ですか?

世界大会で世界のトップディベーターと出会ったことで留学をしたいと強く思うようになりました。先ほども申し上げましたが、同年代の世界の優秀な人たちと出会い、その人たちとの差を感じ、そうした人たちともっと切磋琢磨したいと思うようになったことが、留学したいという思いにつながりました。

現在の大学生活において、英語ディベートで培った論理的思考力や議論力は非常に役立っています。アメリカの大学の授業では、ディスカッションやライティングで自分の考えを述べる機会が多くあるので、英語ディベートで身につけたスキルは、そんなときにとても役立ちます。おかげで、大学生活は非常に充実したものになっています。

市岡彪吾 さん

逗子開成高等学校卒／2019年度高校生世界大会日本代表／
Williams College在学

1. 高校英語ディベートをはじめたきっかけは何ですか？

　高校2年生の時に英語力をもっと上げたいと思っていたところ、他校の友人に英語ディベートの大会があることを教えてもらったことが英語ディベートをはじめるきっかけになりました。その大会では7分間も英語を話さなくてはならないだけでなく、論題も非常に考えさせられるものが多かったため、この活動を継続すれば英語力があがると強く思いました。英語は中学校から学びはじめ、最初はNice to meet you.も発音できないレベルからのスタートだったので、英語力をなんとかしたいとずっと思っていました。そんな時に、英語ディベートに出会い、「この活動しかない！」と思いました。

2. 高校英語ディベートで学んだことは何ですか？

　まず、クリティカル・シンキングが非常に鍛えられました。他者の論理をただ理解するだけでなく、その論理のおかしな点に気がついた上でそのおかしさを明確に言語化しなくてはいけないので、クリティカル・シンキングを鍛える上で英語ディベートは非常に役立ちました。
　また、日本代表として世界大会に参加し、世界の壁を感じたこと

も非常によい経験となり、自分が井の中の蛙であったことに気づかされました。また日本代表になるまでの、そして日本代表になってからのプロセスにおいて、世界の壁を乗り越える方法の一端を学びました。もともと英語ディベートを始めた時期が他の代表選手よりも遅かったことから、どう練習したら日本代表のレベルになれるか、また世界大会でどう戦うかを考える日々でした。休日には世界大会の試合を視聴して戦略や英語表現を学び、一人で試合のシミュレーションを行ったり、学校では昼休みにネイティブの先生のところに通って英語の練習をしたりしていました。日本代表になりたい、世界で活躍したいという思いがあったからこそ頑張ることができ、結果として他の高校生と比べて急激な成長を遂げることができました。

3. 留学および現在の大学生活に関して英語ディベートが役立ったことは何ですか？

　海外大学への進学については、英語ディベートのおかげで戦略的思考が身についていたことが大きかったです。英語ディベートは相手と審査員ありきの競技なので、準備の段階から相手がどんな議論をするか、そして自分たちの勝利を審査員にどう伝えるかを徹底的に考える良い機会となると思います。そのおかげで、大学進学の応募の際にも、大学側が何を求めているかを常に考え、どうやったら自分の良さを伝えられるかを戦略的に考えることができ、それが合格につながったと思います。また留学生活においては、授業だけでなく、寮などの日常生活でも議論をする機会が多いので、英語ディベートで培った知識と英語力、議論力が非常に役立っています。

中川智皓 先生

一般社団法人パーラメンタリーディベート人財育成協会（PDA: Parliamentary Debate Personnel Development Association）代表理事／
大阪府立大学大学院工学研究科 准教授

1. PDAの特徴・目的

　PDAを設立した理由は、日本のどこに生まれ育ったとしても、即興型英語ディベートを経験することができ、その恩恵が受けられるような教育環境を作りたかったからでした。私自身も、大学時代に即興型英語ディベートに出会い、英語で話すことが上達したからです。しかも、それは他の友人や後輩も同じだったので、即興型英語ディベートの教育効果を非常に実感していました。「短期間で確実に英語力を高められる即興型英語ディベートをもっと普及したい」との思いで、授業にも導入しやすい形の即興型英語ディベート形式を提案し、PDAで推進しています。

　ただ、日本では「即興型英語ディベート」というスタイルがそもそも認知されておらず、理解し、導入してもらうことに最初はかなり苦労しました。しかし今では全国の多くの都道府県や学校で導入していただいており、即興型英語ディベートがかなり普及してきたのではないかと感じています。その一方、まだ導入がなされていない地域もあるので、全国各地にもっと普及するよう、また導入に困っている先生方のサポートもしていきたいと考えています。

2. 先生方へのメッセージ

　まだ即興型英語ディベートを経験なさっていない先生方にもぜひチャレンジしていただきたいと思っています。即興型英語ディベートは、生徒の自己肯定感を高め、改善点を伸ばせるなど、さまざまな可能性を秘めた活動です。

　また、知識をただ持っているだけではなく、知識をどう活用するかが問われる現代社会においては、知識を活用することが求められる即興型英語ディベートは非常に意味のある活動であると言えるので、ぜひチャレンジしていただけたらと思います。

著書：『授業でできる即興型英語ディベート』（ネリーズ出版、2017）

北原隆志 先生

一般社団法人日本高校生パーラメンタリーディベート連盟（HPDU: High School
Parliamentary Debate Union of Japan）理事長／
渋谷教育学園渋谷中学校高等学校 教諭

1. HPDU の特徴・目的

　即興型英語ディベートを日本に広めなくてはいけないと思ったの
は、教員一年目の原体験があったからです。その年、私は某英会
話学校のディスカッションコースに通っていたのですが、ある日、米
国の青年と日米貿易について白熱した議論になりました。その場に
いた他の日本人の生徒たちは、相手が英語ネイティブというだけで
気遅れし、日本の実情を完全に無視した彼の一方的な意見にすん
なりと賛成したのです。賛成理由をたずねても誰一人として答えてく
れません。その時私は「日本の英語教育はこのままではだめだ」と痛
感しました。その後、即興型英語ディベートに出会い、「これなら、
自分の考えを英語で論理的かつ魅力的に即発信し、説得力を持っ
て反論できる人たちが育つ！」と思いました。そこで、2001 年、工
夫に工夫を重ねて中二の授業に導入してみました。その効果は抜
群で、生徒たちは英語で話し合いができるようになったのです。私は
「即興型英語ディベートでなら世界に発信できる人たちを育てること
ができる！　これを広めれば日本を変えられる！」と確信しました。そ
して、2010 年、同じ願い、志を持つ教員が集まって、HPDU を設
立したのです。

　HPDU が目指しているのは、即興型であるパーラメンタリーディ

ベートを通して、高校生たちに地球社会が抱える諸問題を自分事として考えてもらい、英語による論理的発信力や問題発見解決能力、コラボレーション能力、客観的な判断力などを鍛え、SDGs達成に貢献できる人たちを育てることです。HPDUが理想としているのは、訓練されたディベーターを対象にしたものではなく、誰の心にも届く「パブリックスピーチ」です。聞きやすく、わかりやすいスピーチで、多くの人たちの気持ちを動かして、地球社会を良い方向に導いてほしいからです。

2. 先生方へのメッセージ

　「難しいから自分の生徒には無理だ」と思われがちですが、ディベートにはフォームがあるので、やらせてみると案外やれるものです。これからの社会で必要とされるさまざまな力を育てるのに、これ以上の方法はないので、やらなければ損です。軽い気持ちで取り入れてみてください。

著作：「授業で行うShort Debate・アレンジ例」（HPDUウェブサイト：https://www.hpdu.jp/授業-部活での英語ディベートのすすめ/）

矢野善郎 先生

一般社団法人全国高校英語ディベート連盟（HEnDA: All Japan High School English Debate Association）審査委員長／
中央大学文学部・大学院文学研究科教授

1. HEnDAの特徴・目的

　未来を議論によって作っていく──そうした役割を将来担えるようになるための英語ディベートを高校生に学んでほしい。その思いで事前調査型のHEnDAに関わってきました。科学・経営・行政・司法など、現代社会では、確かな証拠（エビデンス）を集める情報リテラシーと、証拠の活用力が求められます。事前調査型を採用する最大の狙いは、そこにあります。

　HEnDAでは、世界のディベート教育を参照しつつも、日本の高校生にとっての教育効果が最大になるように、デザインを改良してきました。同じ論題について繰り返し議論する積み上げ型の学習、英語４技能全ての鍛錬、双方の議論が噛み合うこと(clash)の重視（質疑応答も計４回設けています）。そして全員の協力が必須となるよう選手四人の役割を明確にすることで、チームワークの重要性も学べます。

　HEnDAでは、ディベートで重要なのは目先の勝ち負けではなく、Make-Friendsだという理念（Make-Friends憲章）を掲げています。チームメイトだけでなく、対戦相手、ジャッジ、みんなが互いに敬意を払い、人間的にも成長するような英語ディベートを学んで欲しいと願っています。

2. 先生方へのメッセージ

　先生方にも、事前調査型英語ディベートにぜひトライしていただきたいと思っています。大会や練習会でジャッジをすることは、物事を整理する力や、コメント力を高め、有益なトレーニングになるという感想をよく頂いております。

　また、HEnDA の大会や練習会は、生徒のためだけでなく、先生方のネットワーク形成・交流の場でもあります。英語ディベートについてだけでなく、学校生活などに関しての情報共有や、教育のための知恵を交換できます。Make-Friends という理念は、先生方のためのものでもあるのです。

著作：「めざせ Great Debater　全国大会にむけての実践的アドバイス」（HEnDA　ウェブサイト：http://henda.global/bc_rma/wp-content/uploads/2018/11/Debate-tips-2019.docx）

丸橋洋之 先生

WSDC Team JAPAN チーム・マネージャー／HEnDA 国際委員会委員長／
埼玉県立浦和北高等学校教諭

1. WSDC Team JAPAN の特徴・目的

　他国が選抜メンバーで世界大会（WSDC）に臨む一方、日本は全国大会で優勝したチームが参加していました。そのため、大会に参加しても、健闘はするものの、レベルの差に圧倒され、厳しい現実が待っていました。そのことから、日本チームをより強化し、他国のレベルに少しでも追いつくために、Team JAPAN という選抜チームを設立することになりました。立ち上げ当初は、選抜チーム特有のさまざまな苦労もあり、結果がなかなか出ない時期もありましたが、近年では日本の高校生も少しずつ世界の舞台でも活躍するようになってきました。

　ただ、このように言うと、Team JAPAN は勝つことだけを目的としていると勘違いされがちですが、実際は、勝つことだけではなく、将来ソーシャルリーダーとして、社会全体をよりよくできるような人物に育ってほしいという考えのもとに活動を行っています。

　また、Team JAPAN のメンバーは、日本の他の高校生のお手本になってほしいという思いもあります。実際の世界大会でも、各国の選手は、国の代表としての誇りを持ち、人間的にもしっかりした選手が参加しています。例えば、過去に何度も優勝経験のあるシンガポール代表などは、ディベートの技術もさることながら、大会中での姿

勢や態度も素晴らしく、Team JAPAN のよいお手本となる存在です。Team JAPAN のメンバーも、技術や知識だけでなく、そうした人間性の部分でも、少しでも世界のトップに近づくと同時に、それを日本の高校英語ディベート界に還元することを願って活動をしています。

2. 先生方へのメッセージ

　WSDC Team JAPAN は、選抜チームであることから特別な生徒だけのものに見えますが、彼らが世界の舞台で活躍することは、各学校、各地域に必ずよい影響をもたらすことができると信じています。世界トップクラスの高校生と切磋琢磨することは、英語力や知識・教養とともに、人間的な学びもあるからです。今後、より一層頑張ってまいりますので、ぜひ応援していただけたらと思います。

インタビュー記事：「（現場へ！）ニッポン英語のいま：4　世界でディベート、壁は国内」（朝日新聞デジタル 2019 年 12 月 5 日）

浜野清澄 先生

さいたま市立浦和高等学校教諭／HPDU理事／HEnDA国際委員会委員

1. なぜ英語ディベートを授業に導入しようと思ったか？

公立高校においても、英語力だけでなく論理的思考力や表現力も身につけた生徒が育ってほしいと思っていましたが、その目的を達成するために、自分の大学での英語ディベートの経験から、英語ディベートは必ず役立つと考えていました。そしてまず部活動で英語ディベートを始めましたが、その効果はすぐに発揮され、公立高校の生徒が世界大会に出場するまでになりました。その効果を目の当たりにして、授業でも必ず効果があると確信し、授業に導入することを決めました。

2. どのように英語ディベートを実践しているか？

大切にしていることは、英語ディベートを実践するための下準備です。高校1年生の段階では、英語ディベートにおける基礎スキルを身につけるようにしています。たとえば、質問やメモのとり方、反論、立論などの個々のスキルをstep by stepで身につけることを目指します。そして、基礎のスキルに習熟することによって、やろうと思えばいつでも英語ディベートができるようなレベルにします。

高校2年生では、実際に英語ディベートを実践します。ただし、1学期は、生徒に自由に立論のアイディアを考えさせるのではなく、先

にどんな議論をするべきかに関する論点を日本語で示して、生徒は
その提示された論点をもとに英語で議論を行います。そうすること
で、英語ディベートにおいてはどのような論点で議論をするのかを学
ばせます。2学期は、ALTに探してもらったさまざまな英語のエビデ
ンス（証拠）を生徒に配り、そのエビデンスを自由に組み合わせて立
論を組み立てさせます。そうすることで、生徒はエビデンスを読み取
る力や証拠をどのように使うかの方法を学びます。3学期は、1学期
と2学期の準備ですでに議論をする土台ができているので、即興型
の英語ディベートを行い、即興力を鍛えます。

　授業で英語ディベートを実践するときに注意していることは、「な
ぜ英語ディベートを行うのか？」「英語ディベートのスキルを学ぶこと
がなぜ必要なのか？」といった事をきちんと生徒に前もって伝えてお
くということです。そうしないと、生徒は英語ディベートをただ「やら
されている」と感じ、楽しめないばかりか、英語ディベートをやりたく
ないと思ってしまうかも知れないからです。

　また、それ以外に注意していることは、チーム全員が協力しないと
試合にならない仕組みづくりをすることです。例えば、ジャッジをし
た時のメモ用紙は提出をさせるようにしています。そのようにすること
で、一人ひとりが責任をもって、英語ディベートに参加し、その効果
を高めることができるからです。

3. これから英語ディベートを始めようと思っている先生方へのメッセージ

　まずは、高校3年間の教育を通してどのような生徒を育てたいか
を考えることが大切です。その中で、英語ディベートが必要であれ

ば、ぜひ活用してください。英語ディベートはさまざまな能力を鍛える可能性を秘めたものですので、きっと役立つと思います。

　また英語ディベートをやる時には、いかに周りの人々を巻き込むかも重要です。他の先生方と協力し、みなで一緒に英語ディベートを活用するためのコミュニティを作ることが大切だと思います。

著書：『まったく話せない高校生が半年で話せるようになり1年で議論できるようになる英語習得法』（実務教育出版、2020）

須田智之 先生

筑波大学附属駒場中・高等学校教諭／HPDU理事

1. なぜ英語ディベートを授業に導入しようと思ったか？

　もともと本校では、高校の授業で英語ディベートをすることが慣習となっていました。自分は学生時代にも、また教師になってからも、英語ディベートの経験は全くなかったのですが、授業でやらなければいけないとなった時に、初めて挑戦してみました。最初はやり方が分からず、失敗や苦労もしました。

　そこで、様々な英語ディベートを見学した際に、ちょうど授業用に作られたPDAスタイルのことを知り、自分でも学びながら、それを授業で導入してみました。その後も試行錯誤をしながら、部活での指導も並行して行いつつ、今ではよりきちんとした形で授業での英語ディベートが実践できるようになったと思います。

2. どのように英語ディベートを実践しているか？

　まず回数で言うと、年間10回ほど英語ディベートの実践を行っています。導入・ルール説明などから始めて、生徒がやり方に慣れてきたら、さまざまなトピックでどんどんディベートの試合を授業で実施します。　もちろん英語ディベートのために授業をするというよりも、スピーキング活動の1つとして英語ディベートを扱っています。ただ、やはり生徒が主体的に活動することができ、しかも20〜30分近く

の間英語だけが飛び交うという活動は他にはなかなかないので、スピーキング活動の中心的な位置づけとして実施しています。

　授業をスムーズに行うための工夫としては、例えば、ディベート導入の際には、まずPDAのテキストに書かれた英語スピーチを音読して試合の流れやスピーチの構成を学ばせたり、毎回の試合では、単語シートを配って発音や表現を確認した後に試合を始めたりするようにしています。また、論題も、生徒たちが楽しめるものにすると盛り上がります。例えば、本校は男子校なので「学校を共学化すべきだ」という論題では非常に盛り上がりました。まずは、ディベートをやってみることか肝心だと思います。もちろん最初は上手くいかないこともありますが、それ自体も学びとなりますし、生徒も「やってみると楽しい」ということが多くあります。また、一回だけではディベートに慣れることは難しいので、教科書のこの題材の発展的活動としてやってみよう、学期末のこの時期を利用して集中的に実施してみようなど、年間を通して十分な機会が計画的に持てるとよいと思います。

3. これから英語ディベートを始めようと思っている先生方へのメッセージ

　英語ディベートは実際にやってみると面白いと感じる活動だと思います。スポーツに例えるなら、体力トレーニングや基礎練習で培った体力や技術を生かす機会が試合やゲームであるように、英語の授業で学んだ知識や技能を実際に使うことができるのが英語ディベートの強みだと思います。即興型の場合、短い準備時間の中で話し合わなくてはいけないので、英語コミュニケーションのよいトレーニングになりますし、勝つ喜びとともに負ける悔しさを感じられるゲーム性

もあり、そのことによって、もっと英語のスピーチが上手くなりたい・さまざまな知識を身に付けたい、と思う動機づけにもなります。

　また、先生方ご自身が実際に英語ディベートを行うことも重要だと思います。そうすることで、英語ディベートの楽しさが分かると思いますし、楽しさが分かれば、実践をする時によりよい形で導入できるのではないかと思います。

著作：「即興型英語ディベートによる英語授業実践報告」（筑波大学附属駒場論集 第56集 2016）「即興形英語ディベートによる英語学習の動機づけに関する研究」（EIKEN BULLETIN vol.30 2018）

小林良裕 先生

豊島岡女子学園中学校・高等学校 教諭／HPDU理事

1. なぜ英語ディベートを授業に導入しようと思ったか？

　最初に英語ディベートを導入しようと思った理由は、高校生の知的レベルに合ったスピーキングの授業をしたかったからです。中学生では、天気のことなど身近なことについて英会話をすることもよいと思うのですが、そうした内容は高校生のレベルには合わないのではないかと思っていました。高校生の知的レベルに合った活動は何かを考えた時に、英語ディベートがぴったりなのではないかと思いました。

　もう一つの理由は、大学入試や大学入学後に必要なエッセイライティングについて、英語ディベートがよいトレーニングになると考えたからです。最初から書き言葉で意見を分かりやすく述べさせようとしても、なかなかうまくいきませんでした。そこでまとまりのある文章が書けるようになるために必要な論理力を鍛えるトレーニングとして、英語ディベートを導入することにしました。

2. どのように英語ディベートを実践しているか？

　授業で英語ディベートをする時は、三つのことを意識しています。一つ目は「試合をすること」を目的にしないということです。部活動として英語ディベートをする場合とは違い、授業での英語ディベート

は、あくまでも英語教育を目的として行っているので、本末転倒にならないよう、「試合をすること」を目的にしないことが大事だと考えています。

　二つ目は、ディベートを通して、どのようなスキルを生徒に獲得させたいのか、それを明確にすることです。例えば、質問する力、主張と事実を見極める力、原因と結果を理解する力などが英語ディベートで得られるスキルであるといえますが、どのスキルを生徒に獲得させればよいのか、それを意識して、英語ディベートを活用するようにしています。

　三つ目は、英語ディベートを頻繁に行い、英語を話し、書く機会を出来るだけ多く提供することです。英語ディベートは、英語をたくさん話せる機会となるので、それを利用し、生徒にはできるだけ多く英語を話すようにしてもらっています。さらに、試合が終わって「終わり」とするのではなく、その後に宿題として、試合で行った論題にかんするエッセイを書かせています。そうすることで、英語を話す力とともに、書く力も鍛えることができるからです。私の授業では、英語ディベートの授業を通して、エッセイを50〜60本、年間で書かせるようにしています。

　また授業以外では、高1の学校行事として、英語ディベート大会も行っています。各クラスで予選を行い、最後は、予選を勝ち抜いたチームが、講堂で他の生徒全員の前で試合を行います。高1は行事が少ないので、一つのよいイベントとなっています。また、スポーツが得意な生徒と違って、英語が得意な生徒にはこれまでその力を発揮する場がなかったので、そうした生徒にとっては、英語ディベート大会は非常に意味のあるものになっています。

3. これから英語ディベートを始めようと思っている先生方へのメッセージ

　私の英語ディベート指導での過去の失敗は、部活動でやっていたことを、そのまま授業に導入してしまったことです。部活動での英語ディベートと授業での英語ディベートは異なるものなので、そこを意識する必要があると思います。先述のように、授業では「試合をすること」を目的とせず、どのようなスキルを生徒に獲得させたいか、それを考えて英語ディベートを活用するのが良いと思います。

著書：『英語ディベート 高校授業用テキスト（教員用）』
（NextPublishing Authors Press、2019）

三仙真也 先生

福井県立藤島高等学校教諭／HEnDA 普及委員会委員

1. なぜ英語ディベートを授業に導入しようと思ったか？

　英語ディベートを授業に導入しようと思ったきっかけは、外国語習得のための非常に有益なツールになると考えたからでした。「与えられた時間のなかで話しつづけること＝よいスピーキング活動」となってしまいがちですが、そこに客観性や説得性、論理性などが求められるディベートには、特有のメリットがあると感じました。

　また、論理的思考力、表現力の育成においても非常に有益であると思いました。英語ディベートの場合、自分で考えた内容を客観視し、逆の立場に立ったときには否定すらする必要があるため、論理的に考える力が身につきます。また、なぜそう言えるのかを「他者性」（相手の立場になって考えてみること）を意識し、「考えた内容に説得力を持たせるよう」に努めながら英語で述べることが求められることから、他者を意識した表現力も身につくと思いました。

2. どのように英語ディベートを実践しているか？

　高校1年生では、ディベートにおけるさまざまな役割についての理解と、それを果たすことによって得られるスキルを学ばせるために「事前調査型ディベート」（「コミュ英Ⅰ」）を行い、高校2年生では、即興でのquick response活動として「即興型ディベート」（「英語表現

II」）を行い、高校3年生では、教科書内容のinferential question
に答えるためのディベート活動（「コミュ英III」）を行っています。

　もう少し詳しく話すと、高校1年生では、その学年でのディベート大
会を開催して学年全体に良い波及効果が生まれるようにしました。
評価については事前調査型の四つの役割ごとにルーブリックを作成
し、事前に生徒に配布し、ディベートの試合形式のインタビューテス
トを行いました。定期考査のリスニング問題で立論を聞かせ、「考
えられる反論はどのようなものか」を書かせたり選ばせたりする問題
も出題しました。同様の論題でエッセイライティングも行い評価に加
えました。

　高校2年生では、即興型ディベートを行い、quick responseの
活動などを行い、即興力を鍛えました。試合でのディベートの論題は
「コミュ英II」の教科書だけでなく、他教科の話題など、合教科的
視点を取り入れながら設定しました。

　高校3年生では、「コミュ英III」の教科書の内容自体が難解にな
ることもあり、特にinferential questionを出しても「浅い」解答が多
くなりがちで、重要と思われる部分をなぞってつなげたものを解答と
しがちです。そのようなことを出来るだけ無くすために授業の中で学
んだディベート形式を用いることで、生徒が考えを深め、客観性を
意識した主張ができるように指導しました。

3. これから英語ディベートを始めようと思っている先生方へのメッセージ

　もしディベートは「とっつきにくい活動だ」と思っていらっしゃった
ら、周囲の人をぜひ頼ってください。さまざまな英語ディベートを実

践している方々がいるのでサポートしてくれると思います。また、ディベートは「ただ話すだけの活動だ」と思っていらっしゃる方もいるかもしれませんが、授業に導入することで何倍も論理的思考力も表現力も伸長させた生徒を、私は今までたくさん見てきました。一緒に頑張って、自律した英語学習者を育てていきましょう。

本人による授業実践動画DVD:『ディベートを導入した授業実践〜発表力・考える力をつけるための指導ステップ〜』(Japan Laim Corporation)

英語ディベートと私

1. 英語ディベートとの出会い

　私と英語ディベートとの出会いは非常に早いものでした。というのも、実は建築家の父が大学時代に部活動として英語ディベートをやっていた経験があったので、私は小さい頃から父が英語ディベートについて話すのをよく聞いていましたし、早い時期から、英語ディベートに親しむことを勧められてもいたからです。

　ただ、私自身は中学・高校の時に英語が非常に苦手で、「英語を話すなんて夢のまた夢」という感じでしたから、英語ディベートに興味の欠片すら持つことはありませんでした。しかし、大学進学と同時に、大学で何か新しいことにチャレンジしたい、また英語を上手く話せるようになりたいと思った私は、大学のE.S.S（英語研究会）で英語ディベートができることを知り、また、そのE.S.Sが強豪でもあったので、自分も「全国大会で優勝するのだ」という意気込みをもって、入部を決意したのでした。

　しかし、そうした高い志を持って英語ディベートを始めたにもかかわらず、自分自身の英語力や知識のなさで、英語ディベートは私にとって辛い競技でしかありませんでした。また当時は「何が何でも勝たなくてはいけない」といった勝利至上主義のような文化が英語ディベート大会にはあり、そうした雰囲気に馴染めず、すぐに辞めてしまいました。

　そんな自分が英語ディベートの本を書くことになるとは思ってもみなかったことですが、最初に英語ディベートに対してネガティブな経験をしたことは非常によかったと今では思っています。なぜなら、英語ディベートを苦手にしていて、なかなか好きになれない人たちの気持ちもよく理解できる

からです。そうした理解は、今英語ディベートを指導する立場になった自分にとって非常に役立っているのではないかと思います。

2. 英語ディベートとの再会

　大学時代の早い段階で英語ディベートをやめてしまった私は、数年間は「英語ディベート」と聞くと鳥肌が立つほど、英語ディベートが嫌いになっていました。

　ただその後、大学院博士後期課程に進み、国際学会等で海外の方々と議論しているときや、英語論文など論理的な文章を英語で書かなければならないときなどに、論理的に英語を使えるようになるトレーニングがどうしても必要だと痛感するようになりました。ちょうどそんな時、パーラメンタリー・ディベート（即興型英語ディベート）という新たなスタイルの英語ディベートが日本に普及していることを知り、学部生の部活練習を見にいくことにしました。

　その時の衝撃は今でも忘れられません。「学部生だからそんなすごい議論はしていないだろう」と高を括って見学に行った大学院生の私は、たった10分程度の準備で、英語を流暢かつ論理的に話す学部生たちに圧倒されました。そこで特別に入部をお願いし、学部生に混じって練習をするようになりました。当時は、大学の研究助手という立場の仕事もしていたため、学部生のようにはなかなか練習ができなかったものの、英語ディベート実践の効果もあって人前で英語を話すことが苦でなくなっていきました。

　その後、本当は研究者の道を歩むつもりだったのですが、訳あってその道が絶たれてしまったため、英語教員になる決断をしました。その決断ができたのも、英語ディベートを通して自分の英語力にある程度の自信がついた（後で過信であったと気づくのですが…）からでした。英語ディベートと出会うことがなければ、今のキャリアはなかったかもしれません。

3. 社会人英語ディベートとの出会い

　教員になった最初の年に、私は自分の英語力の乏しさを改めて感じていました。よりよい英語の授業をするためには、もっと自分の英語力を高めなくてはいけないと思うようにもなっていました。そうしたことから、自分の英語力を高められるよい場所を探す日々が続いていました。

　そんな時、私が尊敬する英語教員の一人である宇佐美修先生（栄光学園中学・高等学校）にその悩みを打ち明けたところ、一緒に社会人英語ディベート練習会に参加しないかというお誘いを受けました。当時私は、英語ディベートというものは、大学生だけが行っているサークル活動だと思っており、社会人になった自分は、もう英語ディベートには関わらないだろうと勝手に思い込んでいたので、これは意外なお誘いでした。

　そして、宇佐美先生と社会人練習会に参加したところ、そこにはディベートを通して英語力を高めたいと強く思う熱心な社会人や、仕事で英語を使っている英語達者な社会人らが多数参加しており、その練習会は英語力を高める上では最高の環境だったのです。また、そこでは教員をしているだけでは出会えないさまざまな職種の方々にも出会うことができました。そして、社会人練習会が多くの場所で行われていることを知り、毎週末には必ずそのうちのどこかの練習会に参加するという生活になっていきました。そのうち、幸いなことに綾部功先生（東海大学）と一緒に出場した社会人英語ディベート全国大会で優勝することもでき、ますます英語ディベートにのめり込んでいったのです。

　もし社会人ディベートに出会っていなければ今の自分はなかったと思えるほど、社会人ディベートは私にとって重要なものであり、社会人ディベート練習会を通して出会った方々には心から感謝しています。そこで、この社会人ディベートのコミュニティがもっと広がってほしいとの思いで、Facebookで社会人英語ディベートのグループを立ち上げたり（2020年現在：グループメンバーは約500人）、社会人大会を主催したりもしました。この

グループは、社会人であれば誰でも参加できますので、興味がある方は
ぜひご参加ください。

4. 中高英語ディベート部顧問としての苦闘

　社会人英語ディベートを通して英語ディベートの練習を再開し始めた
頃、当時勤めていた浅野中学・高等学校でも英語ディベート部を立ち上
げたいという声がありました。同僚であった社会科の宮坂武志先生が、
ディベートは生徒の力を伸ばす上で必要不可欠だと考え、ディベート部を
立ち上げたいと考えていたのです。そして宮坂先生は、私が英語ディベー
ト経験者であることを聞きつけて、顧問の一人として私を誘ってくれたの
です。

　ただ当初は、英語ディベートという文化が全くなかった浅野中学・高等
学校だったので、苦労の連続でした。部員も最初は5人程度しか集まら
ず、練習もままならない状況でした。それでも、宮坂先生の熱心な勧誘
や宣伝のおかげで、徐々に部員が増え、大会にも出られるようになりまし
た。

　しかしその一方、私自身は指導者としての壁にぶつかっていました。
自分自身は英語ディベート経験者だったので、チームはすぐに強くなるだ
ろうと高を括っていました。さらに、指導者として大きな過ちを犯していま
した。それはコーチ主導型の指導をしていたことです。「この論題ではこ
のような話をすればよい」「こうやったらこう返す」といったような指導を当
時していたのですが、中学生・高校生とも、大会に参加しても、成績はい
つも最下位か、そうでなくとも下から数えた方が早い順位でした。そして
何より一番の気がかりだったのは、生徒がまったく楽しそうに英語ディベー
トをしていないことでした。

　そのことに気づいてからは、指導方針を180度変え、生徒自らが練習
方法やアイディアを考える指導に切り替えました。顧問である私はあくま

でファシリテーター役に徹し、ディベートのことだけでなく、運営についても生徒自らで考えるようにさせたのです。すると、ディベート部創設2年目後半から、徐々に結果が出はじめ、県大会優勝、全国大会3位などの結果を出せるようにまでなりました。私がうれしかったのは、そうした結果もさることながら、何よりも生徒皆がディベートを楽しんでやっているように見えたことです。そして、私が浅野中学・高等学校を辞める最後の年（2016年）には、部員の数は60名を超えるまでになっていました。浅野英語ディベート部（ADU: Asano Debating Union）のメンバーと活動した日々のことは、今も私にとって大切な思い出です。そして私の退職後も、宮坂先生を中心に、吉田翔真先生・伊勢将人先生・上田真広先生が顧問の仕事を引き継いでくださり、浅野ディベート部は現在も全国で活躍しています。

5. 中高英語ディベートに関わる 全国の先生方や生徒さんとの出会い

　最初こそ苦戦した浅野ディベート部でしたが、先にお話したように創設2年目には全国大会にも出場するようになり、また全国のチームが集まるような大きな練習会にも積極的に参加するようになりました。

　そして、この浅野ディベート部での経験はその後の私にとって大きな意味を持つものとなりました。なぜなら、当時参加した中高英語ディベート大会や練習会を通じて、全国の中高英語ディベートに関わっておられる多くの先生方にお会いすることができたからです。中高英語ディベートの大会に参加していなければ、間違いなく出会うことのなかった先生方です。中高英語ディベートに関わっておられる先生方はみな各県や各学校で活躍されている方が多いので、そのことも教員の自分にとってとても刺激になり、学ぶことがたくさんありました。そして、中高英語ディベートを通してつながりができた全国の先生方、たとえば、パクストン・アンソニー先生（茨城県立竹園高等学校）を中心に、鈴木エリン先生（翔凛中学校・

高等学校）、富島奈央先生（千葉市立稲毛高等学校）方と共に、自主的な英語ディベートのオンライン全国大会（Flower Cup 2020）を開催することもできました。紙面の制約上ここに書くことが叶わなかった多くの先生方とも中高英語ディベートを通して出会い、さらには今共に活動させていただけるようになったことは本当に光栄であり、諸先生方には心から感謝しています。

　また、中高英語ディベートに関わってよかったと思えることは、教員だけでなく全国の生徒さんと出会えたことです。私の学校の生徒だけでなく、文字通り全国各地の生徒さんと出会うことができたのは、非常にありがたいことだと感じています。特に、英語ディベートに関わる生徒さんは、各県・各学校で活躍している人たちが多いので、そんな生徒さんの英語ディベートにかける情熱はいつも私にとって本当によい刺激となっています。

　中高英語ディベートは、野球やサッカーは言うまでもなく他の文化系部活動に比べてもまだまだ小さなコミュニティですが、そこでの学びや出会いは非常に価値のあるものなので、今後もっとこのコミュニティが広がり、活動が盛んになってほしいと思っています。また、そうなるように、自分自身も頑張っていかなくてはいけないと決意を新たにしているところです。

6. 英語ディベート留学への決意

　先述のように、浅野ディベート部のおかげで、中高英語ディベートと出会い、そして日本全国の先生方や生徒さんに出会うことができたのでした。こうした出会いが私に非常に多くの刺激を与えてくれましたが、最も重要な影響は、こうした出会いを通して、どうしても留学をしなくてはいけないと思うようになったことです。

　浅野ディベート部が強くなるにつれて、私も全国大会だけでなく、世界交流大会などにも参加するようになりました。その大会には、浅野以外に

も全国の強豪校が参加し、日本の高校生が世界のチームと戦う場面を見る機会を得ることができました。しかし、その体験は決して喜ばしいものではなく、むしろ心苦しいものでした。というのも、そこで目の当たりにしたのは、まさに「日本と世界との差」だったからです。こうした大会に出る日本の高校生は、国内で言えば学力的にも英語力においても間違いなくトップクラスです。たとえば、今流行しているグローバル研修などにおいて、他のメンバーを引っ張り、プレゼンテーションの発表をすれば目立つような子たちです。しかし、そんな日本の高校生が海外の高校生には、まったく刃が立たなかったのです。海外の高校生たちは、小さい頃からディベート教育をしっかり受けているため、英語力においても、思考力においても、知識教養においても、日本の高校生を圧倒していたのです。

　この経験は、選手である生徒だけでなく、指導者である私自身にとっても非常に悔しいものでした。そして、このことがきっかけとなり「日本の高校生には何が足りないのか?」「指導者として、このままでよいのか?」と思うようになったのです。また、こうした思いは、自分自身に世界のトップをもっと知らなければならないと強く思わせるには十分なものでした。そしてそれが、英語ディベート「世界一」の強豪大学であるシドニー大学にどうしても留学しなくてはいけないという思いにつながっていったのです。

7. 英語ディベート「世界一」への挑戦

　いよいよ、世界一の英語ディベートを学ぶためシドニー大学への留学を決意し、社会人留学をすることになりました。留学先はシドニー大学大学院 (TESOL: Teaching English as a second or foreign language 専攻)で、大学院留学ではありましたが、私は迷うことなくシドニー大学の英語ディベート部の門を叩きました。シドニー大学は、世界最高峰と呼ばれる大学の世界大会 (WUDC: World Universities Debating Championship) に2009年から2019年まで11年連続で決勝に進出し、最多優勝回数 (2020年現在) を誇る、名実

ともに世界No.1の英語ディベートチームです。大学ランキングで言えば、ハーバード大学やスタンフォード大学、オックスフォード大学、ケンブリッジ大学の方が上位で、日本でもこうした大学の方が有名ですが、そんな大学を英語ディベートで圧倒するシドニー大学には学ぶべき多くのことがあるに違いないと思い、シドニー大学の英語ディベート部への入部を決意したのです。

しかし、実際に英語ディベート部に入部してみると、その日から苦しい日々の連続でした。レベルの高さについていけず、「自分が参加することで他の部員の練習を邪魔しているのではないか」、「部のレベルを自分が下げてしまっているのではないか」と思い悩むこともありました。最初に練習会に参加していた30名ほどの留学生は、レベルの高さについていけず、ほとんど数週間でやめてしまいました。しかし私は、留学する前に「世界一の英語ディベートを学んできます」と大風呂敷を広げて留学してしまったため、逃げ道はありませんでした。しかし、今にして思えばそれがよかったのです。

そのおかげで、ここには書ききれないほど多くの学びを得ることができました。さらに、私が練習会や大会に一生懸命参加する姿を見て、一緒に練習してくれるオーストラリア人の部員やアドバイスをしてくれる部員も徐々に出てきました。その結果、100人ほどの部員がトライする選抜トライアルにも合格し、メージャートーナメント大会の一つに選抜チームの一員として参加できるまでになりました。

そしてもっと貴重だったのは、英語ディベート部のメンバーたちと深い友情で結ばれ、親友になれたことです。シドニーのディベート部は本当に温かいコミュニティで、世界No.1チームは、ディベートのスキルだけでなく、人間として本当にすばらしい人達の集まりだったのです。彼らから学んだ「英語ディベートは素晴らしい人格を育てるものである」ということを日本の多くの方に知っていただきたい、その思いが本書を執筆中に何度も筆が止まりそうになる自分を前に進めてくれたのでした。

8. 現在の活動 - その1（全国のワークショップ）

　留学から帰ってきてからは、世界一の英語ディベート部で経験した事と大学院（TESOL: Teaching English as a second or foreign language 専攻）での学びや研究（英語の授業における英語ディベートの効果的な活用法）を活かして、全国を飛び回っています。幸いなことに、全国各地の方々から声をかけていただいて、教職の傍ら全国を回り、中高生に向けたワークショップや教員研修を行っています。

　そこで強く感じるのは、英語ディベートに対する関心の高さと熱意です。どこの学校の生徒も教員も英語ディベートに対してものすごく関心が高く、授業英語ディベート、競技英語ディベートの区別なく、英語ディベートについてもっと知りたい、学びたいという強い熱意を感じます。しかしその一方で、授業でのやり方がわからない、部活動での練習方法がわからない、どうやったら上達するかがわからないといった声も多く聞きます。やはり今の日本では、英語ディベートに関することはまだまだよく知られていないというのが現状なのかもしれません。そうした現状を知ったことが本書を執筆する一つの動機になったことは確かです。

　また、そうしたワークショップを通してもう一つ感じることは、英語ディベートに対する誤解や偏見がまだまだ存在するということです。ワークショップに参加する方々はもちろん英語ディベートに好意的な方々が多いのですが、「学校から英語ディベートをやることを禁止されている」「同僚から協力してもらえない」といった声が少なからずあります。詳しく聞いてみると、やはり第1章1で述べたように、英語ディベートについてかなり勘違いされている部分があるようですので、本書が、そうした英語ディベートに対する誤解や偏見を少しでも無くす一助になればと願っています。

　私は、英語ディベートが「あらゆる活動の中で最も優れた活動である」と断言はしません。また「全員がやらなくてはいけない必須の活動」だとも思っていません。ただ、数ある活動のうちの一つとして有効活用できれ

ば、さまざまな可能性のある活動であることは間違いないので、偏見や誤解が無くなり、正しく理解されることで、英語ディベートが広く普及してくれることを願っています。

9. 現在の活動 - その2（日本代表ヘッドコーチ）

　現在私は、高校生の世界大会（WSDC）に参加する日本代表チームのヘッドコーチという仕事も2019年からさせて頂いています。WSDCとは、World Schools Debating Championshipsの略で、規模的にもレベル的にも世界最高峰の大会です。2019年の大会には、なんと64カ国もの高校生が参加しました。この大会は世界的にも知名度が高く、この大会に参加できること自体、高校生が世界のトップクラスの大学に進学する上で良い影響をもたらすと言われています。実際、各国の代表選手のほとんどは、その後、ハーバード大学やオックスフォード大学など世界の名門と言われる大学に進学しており、国によっては、国家戦略として代表チームを強化しているところもあるそうです。

　一方、日本は、長い間そうした強化がなされないままでした。しかし、2016年に、HEnDAの前国際委員会委員長であった池上博先生（長野県松本県ヶ丘高等学校）と現国際委員会委員長の丸橋洋之先生（埼玉県立浦和北高等学校）のご尽力のおかげで、代表チーム（Team JAPAN）が結成され、ベネッセこども基金の支援をもとに、全国各地の高校生から選びぬかれた代表5名がTeam JAPANとして世界大会に挑戦するようになりました。ただ、それでも最初の頃のTeam JAPANは、世界大会に関する知識や経験が乏しかったせいもあり、芳しい成績を上げることのない状態が続いていました。しかしながら、そうした過去の苦い経験を糧に、2019年の大会では、決勝トーナメント進出までほんのあと一歩という日本代表歴代最高の記録を残すことが出来ました。さらにはEFL（英語を外国語とする国）の中で、5th Best Nationという賞を初受賞することもでき、日本の高校生も、

世界の頂点が見えるところまで近づきつつあります。

　さらなる活躍を期待していますが、もちろん本書は、こうしたハイレベルの世界大会を目指すためのものというよりも、どちらかと言えば、英語ディベートの第一歩導入のための、あるいは初心者のための入門書です。そして、この入門書が多くの方々に広く利用されることによって、英語ディベートの裾野が広がっていけば、その結果として長期的にはTeam JAPANの強化にもつながっていくものであると確信しています。今後ますますグローバル化する国際社会の中で必ず必要となる英語ディベートが、初心者にとっても、高い目標を目指す上級者にとっても楽しい活動であるとの認識が広く共有されることを願ってやみません。

追記：

　本書を執筆中に行われた2020年の世界大会は、コロナ禍の影響で当初開催自体が危ぶまれていましたが、オンラインで開催されることとなり、なんと史上最多の74カ国が参加する大規模な大会となりました。またオンラインということで、時差の関係から参加国を二つのカテゴリーに分けて、試合が行われました。Team JAPANは惜しくも初の決勝トーナメント進出を逃してしまいましたが、片方のカテゴリーの中で、なんとEFL（英語を外国語とする国）の1st Best Nation賞を初受賞するとともに、EFLで個人1位・4位・9位も受賞することができました。Team JAPANとしては、個人賞を取ったのはこれが初めてだったので、大躍進の大会となりました。

引用文献

有嶋宏一 (2010).「高校生の英語ディベート活動は英語スピーキング力と批判的思考力を伸ばすのか」,『STEP BULLETIN』Vol.22. 第22回「英検」研究助成報告.

Bygate, M.(2001). Effect of task repetition on the structure and control of oral language. In: M. Bygate, P. Skehan, & M. Swain (Eds.), *Researching Pedagogic Tasks: Second language learning, teaching and testing*, 23-48. London: Longman.

久保健治 (2019).「議論教育における調査型と即興型の 比較に関する一考察－日本語教室ディベートにおける実践とアンケートの分析－」,『ディベートと議論教育―ディベート教育国際研究会論集』令和1年 第2巻, 2-18.

香西秀信 (1995).『反論の技術―その意義と訓練方法(オピニオン叢書)』, 明治図書出版.

小西卓三・菅家知洋・P.J.Collins(2007).『Let the Debate Begin! 英語で学ぶ論理的説得』, 東海大学出版.

浜野清澄 (2020).『まったく話せない高校生が半年で話せるようになり1年で議論できるようになる英語習得法』, 実務教育出版.

松本茂 (2009).「授業ディベート編」松本茂・鈴木健・青沼智 (編)『英語ディベート　理論と実践』, 5-74. 玉川大学出版部.

三上貴教 (2019).『グローバル人材育成のための英語ディベート』, 広島修道大学学術選書74., 渓水社.

中川智皓 (2017).『授業でできる即興型英語ディベート』, パーラメンタリーディベート人材育成協会(ネリーズ出版).

野矢茂樹 (2006).『新版 論理トレーニング (哲学教科書シリーズ)』, 産業図書.

Saito, K (2015). *Communicative focus on L2 phonetic form: Teaching Japanese leaners to perceive and produce English /r/ without explicit instruction. Applied Psycholinguistics, 36,* 377-409.

安河内哲也 (2014).「英語ディベートは、英会話よりも簡単!?　日本の教育を変えるキーマン　松本 茂(3)」, 東洋経済ONLINE, URL: https://toyokeizai.net/articles/-/51952

1. 中学・高校英語ディベート団体の紹介

＊それぞれの団体の詳しい紹介については第1章2「英語ディベートはどのように行うのか?」を参照してください。

- All Japan High School English Debate Association
  （HEnDA：一般社団法人 全国高校英語ディベート連盟）
  URL: http://henda.global

- High School Parliamentary Debate Union of Japan
  （HPDU of Japan：一般社団法人 日本高校生パーラメンタリー・ディベート連盟）
  URL: https://www.hpdu.jp/

- Parliamentary Debate Personnel Development Association
  （PDA：一般社団法人 パーラメンタリーディベート人財育成協会）
  URL: http://pdpda.org

2. 中学・高校英語ディベートのためのウェブサイト： English Debate for Education

このサイトは、著者が教員向けに作成した中学・高校英語ディベートのためのホームページです。「授業ディベート」および「競技ディベート」に関する情報が書かれたサイトです。英語ディベートを実践する際にどのような「論題」を選んだら分からない時や、英語ディベートのお手本となる「動画」を探したい時などに、ぜひご活用ください。本書には書ききれなかった内容や最新の情報が詰まっています。

〈サイトの主な内容〉
- 授業ディベート（授業での英語ディベートについての情報）
- 競技ディベート（部活での英語ディベートについての情報）
- 社会人練習会（社会人練習会についての情報）
- 論題集（英語ディベートの論題まとめ）
- 動画集（中学・高校の英語ディベートの試合動画）
- 書籍集（英語ディベートについてのおすすめ書籍）

URL: https://sites.google.com/view/teacherxdebater

あ と が き

　この原稿を書き終えた今、あらためて世界一の英語ディベート部に留学していた日々のことを思い出しています。「世界一のディベートを学んできます」と意気込んで実行したシドニー大学大学院への留学。しかし現実は、そんなに甘いものではありませんでした。世界一のディベート部のレベルの高さに圧倒され、毎日が苦しい日々でした。週一回の練習日の前夜には腹痛に襲われ、毎週末に行われる大会の朝には何度も逃げ出したい思いに駆られたこともありました。

　ただ、そのような状態のときでも、欠かさず練習会や大会に参加していたので、そうした姿勢を評価してくれるディベート部のメンバーも徐々に増えていきました。その中でも特に、シドニー大学ディベート部のエースであり、高校生の時には世界大会で優勝し、後に大学生世界大会でも個人1位を獲った、今は私の親友であるJimmy (James Stratton) は、練習会や大会で会う度に私のことを気にかけてくれ、「元気かい?」「ディベートを楽しんでいるかい?」といつも優しい言葉をかけてくれたのです。挫けそうになっていた私は彼の言葉にどれほど励まされたことか。

　彼と出会って分かったことは、世界一のディベーターというのは単にディベートだけが上手なのではなく、人間としても素晴らしい人格の持ち主なのだということでした。また彼のみならず他のシドニーのディベーターたちも本当に思いやりのある人たちばかりでした。こうした人たちとの出会いは、英語ディベート教育に携わる今の自分にとって非常に重要なものでした。なぜなら、彼らと出会っていなければ、「日本に英語ディベートをもっと普及させたい」という強い思いも抱かなかったかもしれないからです。留学前には日本に英語ディベートを普及させることは本当に良いことなのかと迷うことも正直何度かありました。本文でも述べたよ

うに、英語ディベートによる負の一面も目の当たりにしたこともあり、学校教育において英語ディベートを普及させることがその負の側面を助長するのであれば、英語ディベートを普及することはかえって良くないことなのではないかと考えてしまうこともありました。しかし、シドニー大学で、彼らと出会い、世界一のディベーターたちがこんなにも人間として素晴らしいのだということを肌で知ってからは、先のような問題は、英語ディベートそのものにあるのではなく、英語ディベート教育のあり方にこそあるのではないかと考えるようになりました。こうしたことから、英語ディベートに対する誤解を解くと同時に、間違った英語ディベート教育がそうした誤解を助長することがないように、きちんと伝えていくことが重要なのではないかと考え、そのことが本書を執筆するきっかけともなりました。

　学校教育の中で遅ればせながら盛り上がりを見せる英語ディベートですが、そのような時代の流れの中で「英語ディベートなんてやらせるべきではなかった」と言われないようにするために、本書が少しでも役立ってくれることを願うばかりです。

　最後になりましたが、本書を書くきっかけとチャンスを与えてくださった三省堂の小野寺粛さんには、私にとって初めての執筆で至らぬ点が多々あったにもかかわらず、根気よく、また温かくサポートして頂き、心底から感謝申し上げます。小野寺さんのご助力がなければ、今このようにこの本を書き終えることは決してできなかったと思います。

　また、執筆を書くきっかけを与えてくださり、初の執筆に右も左も分からない私に執筆のコツを教えてくださった遠田和子先生、私のディベートの師匠であり、出版前の原稿に目を通し貴重なフィードバックをしてくださった綾部功先生、推薦文を書いてくださっただけでなく、いつも温かい励ましの言葉をくださる松本茂先生、コラムにも書かせて頂いた諸先生方はじめ、インタビューを受けてくださった先生方他、英語ディベートを日頃一緒に練習してくださる先生方・ECCの先生方、そしてこれまでお世話になった多くの方々にも、心からお礼を申し上げます。

さらに、現在勤務している聖光学院の関係者の方々には感謝の思い
しかありません。工藤校長先生をはじめ、英語ディベート同好会顧問の
百武沙紀先生、グロリア・ヌー先生、そして同僚の方々には、私が英語
ディベートの活動に従事することを暖かく見守っていただくと同時に、応
援までして頂いています。また、私の授業を受けた生徒のみなさんは、私
が考えたさまざまな授業英語ディベートのアクティビティに一生懸命取り組
んでくれました。そのおかげで、授業英語ディベートのさまざまなアイディ
アを得ることができました。そして、聖光英語ディベート同好会（SUCCEED:
SEIKO UNION of Confident Capable Exceptional English Debaters）のメンバーには、英
語ディベートをいつも真剣に取り組んでくれるだけでなく、全国大会優勝
までも成し遂げてくれたことを誇りに思います。

　最後に、2019年・2020年のTeam JAPANのメンバー（中山隆起さん・一
瀬ルアナさん・市岡彪吾さん・植田歴さん・杉本絢香さん・神崎花南さん・金世和さん・梶
谷凜奈さん・吉田光太朗さん）には、本書を執筆中に多くの良い刺激をもら
い、感謝しています。世界大会という大舞台で一緒に戦えた日々、そして
Team JAPANとして初のチーム賞・初の個人賞を取れたことは私にとって
一生の思い出となるでしょう。

　英語ディベートが今よりさらに普及することを切に願って筆を置きたい
とおもいます。

2020年12月
この本を学生時代の英語ディベートが縁で結ばれた両親に贈ります。

著者紹介

河野 周 かわの・あまね

上智大学大学院（心理学専攻：修士号取得）で「英語力とクリティカル・シンキングの関係性」を研究。博士後期課程を満期退学後、英語科教諭として浅野中学・高等学校に勤務（2013～2016年）。同校英語ディベート部を立ち上げ、全国大会強豪校に導く。自身も選手として社会人英語ディベート全国大会や教員英語ディベート全国大会等で優勝。また、審査委員としては高校生英語ディベート全国大会（PDA）において最優秀ジャッジ賞を3年連続受賞。

2017年、シドニー大学大学院（TESOL専攻：修士号取得）に留学、「英語教育におけるディベートの効果的な活用法」について研究。また同大学のディベート部（世界大会最多優勝チーム）に所属し、オーストラリアのメジャートーナメントにシドニー大学の選抜チームの一員として出場。

現在は、英語科教諭として聖光学院中学・高等学校に勤務。同校の英語ディベート同好会を顧問として全国大会優勝に導く。また、教員研修やワークショップ（小学生から社会人対象）の講師として全国を回るとともに、高校生英語ディベート世界大会日本代表ヘッドコーチとしても活動中。

中学・高校
英語ディベート入門

2021年3月10日　第1刷発行

著　者　河野周
発行者　株式会社 三省堂　代表者 瀧本多加志
印刷者　三省堂印刷 株式会社
発行所　株式会社 三省堂
　　　　〒101-8371
　　　　東京都千代田区神田三崎町二丁目22番14号
　　　　電話　編集 (03) 3230-9411
　　　　　　　営業 (03) 3230-9412
　　　　https://www.sanseido.co.jp

©Amane Kawano 2021
Printed in Japan
〈英語ディベート入門・200pp.〉
落丁本・乱丁本はお取り替えいたします。
ISBN978-4-385-36148-2

本書を無断で複写複製することは，著作権法上の例外を除き，禁じられています。
また，本書を請負業者等の第三者に依頼してスキャン等によってデジタル化することは，
たとえ個人や家庭内での利用であっても一切認められておりません。